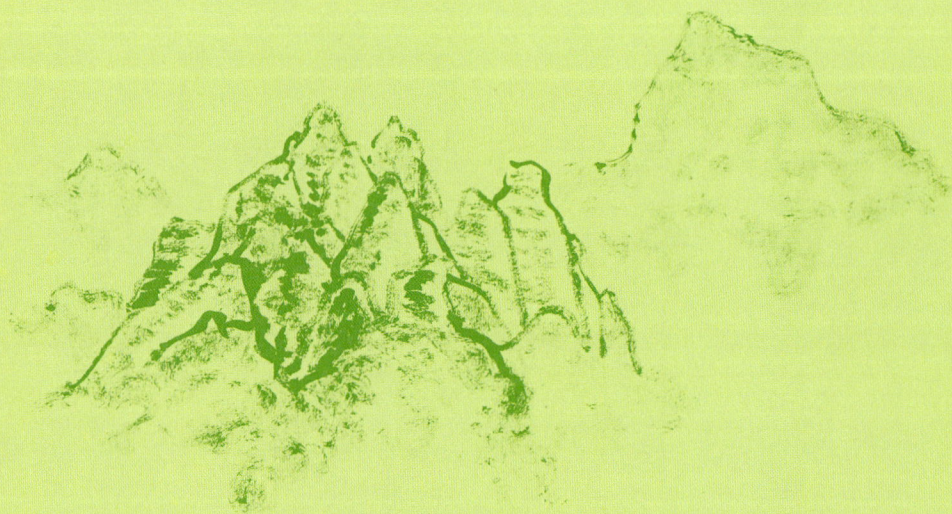

美绘课本里的

古诗词

曹志敏◎编著

部编本必背
古诗词
155首

人民东方出版传媒
People's Oriental Publishing & Media
东方出版社
The Oriental Press

图书在版编目（CIP）数据

美绘课本里的古诗词：部编本必背古诗词155首 / 曹志敏编著.—北京：东方出版社，2024.5

ISBN 978-7-5207-3165-2

Ⅰ.①美… Ⅱ.①曹… Ⅲ.①古典诗歌—中国—中小学—教学参考资料 Ⅳ.①G634.303

中国国家版本馆CIP数据核字（2024）第016763号

美绘课本里的古诗词：部编本必背古诗词155首

（ MEIHUI KEBEN LI DE GUSHICI：BUBIANBEN BI BEI GUSHICI 155 SHOU ）

曹志敏　编著

策　　划：鲁艳芳
责任编辑：杨朝霞
插画绘制：娄春亭　黄淑芳　娄海洋　沈疏桐
封面设计：尚世视觉
出　　版：东方出版社
发　　行：人民东方出版传媒有限公司
地　　址：北京市东城区朝阳门内大街166号
邮政编码：100010
印　　刷：北京文昌阁彩色印刷有限责任公司
版　　次：2024年5月第1版
印　　次：2024年5月北京第1次印刷
开　　本：710毫米×1000毫米　1/16
印　　张：24.5
字　　数：343千字
书　　号：ISBN 978-7-5207-3165-2
定　　价：98.00元
发行电话：（010）85924663　85924644　85924641

目录

乱花渐欲迷人眼　景物篇

乡村四月闲人少　田园篇

水光潋滟晴方好　山水篇

爆竹声中一岁除　节日篇

莫愁前路无知己　送别思乡篇

无言独上西楼　情感篇

燕然未勒归无计　边塞战争篇

自缘身在最高层　哲理篇

咏物诗是以自然界的具体事物为描写对象，将诗人所要表达的思想感情，寄寓于某一具体物象的描写中。托物言志或借物抒情是它的基本特点，吟咏对象包括自然界中的万物，大到山川河岳，小至花鸟虫鱼。

　　本篇"咏物诗"收录七首诗，骆宾王《咏鹅》一诗令人感受到白鹅的可爱；虞世南《蝉》歌颂蝉吸取清露，超脱尘俗的高洁品质；李峤《风》从动态上对风的神奇进行了诠释；贺知章《咏柳》一诗抓住了垂柳的特征，把翠绿的柳树比喻成亭亭玉立的少女，成为咏柳诗的典范之作；罗隐《蜂》赞美了蜜蜂辛勤劳动的高尚品格，借以赞美那些终日勤劳、为社会创造财富的劳动人民，讽刺了那些不劳而获的剥削者；王冕《墨梅》借梅自喻，表现了诗人不媚世俗的节操和淡泊名利的情怀；唐寅《画鸡》展现了公鸡的威武神态和报晓天性，诗人写诗"不避口语"，富有儿歌韵味。

不要人夸好颜色

咏物篇

咏　鹅　［唐］骆宾王

鹅，鹅，鹅，

曲项向天歌°。

白毛浮绿水，

红掌拨清波°。

注释

○ 曲项：弯着脖子。
○ 拨：划动。

▌关于作者

骆宾王（约638—？）：字观光，婺（wù）州义乌（今属浙江）人，唐初著名诗人，与王勃、杨炯、卢照邻合称"初唐四杰"。他出身寒门，七岁即能作诗，被誉为神童，《咏鹅》一诗广为世人吟诵。

骆宾王曾任临海丞，684年，跟随徐敬业在扬州起兵讨伐武则天，代徐敬业作《讨武曌（zhào）檄》，一时传诵，武则天观后不怒反赞骆宾王的才气。讨武失败后，骆宾王下落不明。

▌作品赏析

此诗为千古佳作，不仅朗朗上口，容易记诵，而且诗歌的内在韵味非常优美，对白鹅进行了言简意赅的描绘。

开篇以"鹅"的三次反复吟唱，写出鹅的叫声洪亮高亢，既而通过"曲项"与"向天"、"白毛"与"绿水"、"红掌"与"清波"的对比，描绘出鹅的线条与色彩之美，又以"歌""浮""拨"三字勾勒出鹅的动态之美。全诗18字，融听觉与视觉、静态与动态、音声与色彩于一体，使人真切地感受到白鹅的可爱。

▎知识延伸

骆宾王与《讨武曌檄》

七岁就被誉为神童的骆宾王，不仅诗歌写得优美绝妙，骈文也相当出众，最具代表性的就是他跟随徐敬业起兵反对武则天称帝时，代徐敬业所作的《讨武曌檄》。

檄文新颖脱俗，立意深远，气势磅礴，一改六朝后期以文辞堆砌、冗长浮艳的文风。武则天本来想治骆宾王的罪，当她读到檄文中"一抔之土未干，六尺之孤何托"一句时，被骆宾王的才华深深折服，将他视为天下奇才，感叹说，以骆宾王的才华却没有为朝廷重用，而沦落为叛逆，真是宰相的失职！由此可以看出，骆宾王才华横溢，可谓名副其实。

▎诗词游戏

填写诗中所缺的部分。

我	家			池	头	树
朵	朵	花	开			
不	要	人	夸	好	颜	色

蝉　［唐］虞世南

垂绫饮清露°，

流响出疏桐°。

居高声自远，

非是藉秋风°。

注释

○ 绫（ruí）：帽带结在下巴下面的下垂部分。蝉头部的两根触须像下垂的帽带。
清露：纯净的露水。古人以为蝉是喝露水生活，其实是吸食植物的汁液。
○ 流响：接连不断的蝉鸣声。
○ 藉：凭借。

关于作者

　　虞世南（558—638）：字伯施，越州余姚（今属浙江）人，唐代诗人、书法家，凌烟阁二十四功臣之一，历任秘书监、弘文馆学士等。他的书法成就极高，与欧阳询、褚遂良、薛稷并称"唐初四大书家"。其诗风与书法风格相似，清丽中透着刚健，著有《虞秘监集》。

作品赏析

　　这是一首托物言志、借物抒怀的小诗。首句采用拟人的手法，"清露"的"清"字比喻"蝉"品性高洁，居高吸取清露，有超脱尘俗、众人皆醉而我独醒之意。诗句表面上写蝉的形状与食性，实际上运用比兴手法，暗喻诗人自己的身份和品格，身居高处却清廉刚正。次句"流响出疏桐"，写蝉声清逸响远。"疏桐"指枝干高挺的梧桐，蝉身居高处，鸣叫自然，调响声远，悦耳动听。"居高声自远，非是藉秋风"是全篇的点睛之笔，它是在上两句的基础上引发出来的议论。蝉声远传，人们往往以为是秋风所致，诗人一反凡俗，道出人生的一大道理：品格高洁的人，并不需要外在的渲染，自能声名远扬。

风　　　〔唐〕李峤

解落三秋叶°，
能开二月花。
过江千尺浪，
入竹万竿斜。

注释　○ 三秋：指秋季，也指秋季的第三个月，即农历九月。

▌关于作者

　　李峤（644—713）：字巨山，赵州赞皇（今属河北）人，唐代诗人。少有才名，20岁进士及第，累官至监察御史，后屡居相位，封赵国公。据说安史之乱时，唐玄宗在逃离长安之前，登上花萼（è）楼，听到歌者吟唱此诗，产生强烈的共鸣，悲叹感慨多时，并称赞诗人是"真才子"。

▌作品赏析

　　这是一首描写风的小诗，从动态上对风进行了诠释。风是神奇的，能吹落秋天的树叶，也能催开春天的鲜花；风是强悍的，刮过江面能掀起千尺巨浪，吹进竹林能使万竿倾斜。千姿百态的风，是人类的朋友，也给人类带来无尽的灾难；风，让人爱怜，也让人畏惧。

▌诗词游戏

　　填写诗句的下一句。

白	毛	浮	绿	水

咏　柳　　　　［唐］贺知章

碧玉妆成一树高°，

万条垂下绿丝绦°。

不知细叶谁裁出，

二月春风似剪刀。

注释

○ 妆成：装饰，打扮。一树：满树。一，满，全。

○ 丝绦（tāo）：用丝线编成的带子，形容柳条像条条丝带。

▎关于作者

贺知章（659—约744）：字季真，自号四明狂客，越州永兴（今浙江杭州市萧山区西）人，盛唐前期著名的诗人、书法家。证圣元年（695）中进士，历任礼部侍郎、秘书监、太子宾客等职，因而人称"贺监"。

贺知章为人旷达不羁，有"清谈风流"之誉，与张若虚、张旭、包融并称"吴中四士"。诗文以绝句见长，写景与抒怀之作风格独特，清新潇洒，《咏柳》《回乡偶书》千古传诵。

▎作品赏析

此诗抓住了垂柳的特征，成为咏柳诗的典范之作。翠绿的柳树如同碧玉装扮的一样，高高的树干就像亭亭玉立的少女，而千万条垂下的柳枝就像少女裙摆上的丝带。在古代文学作品中，碧玉多泛指年轻貌美的女子，二月的早春稚柳，还没有到密叶藏鸦之时，自然让人联想到美人未到丰容的年华。在诗人眼中，柳就是人，人就是柳。

早春垂柳细细的嫩叶，是谁神奇灵巧的手裁剪出来的呢？原来，是乍暖还寒的二月春风。此诗借柳树歌咏春风，把春风比喻为剪刀，赞美它裁出了春天，成为美的创造者。

▎知识延伸

诗苑仙葩——咏物诗

咏物诗通过对自然界具体事物的描写，来表达诗人的思想感情，特点是托物言志或借物抒情。咏物诗中所咏的"物"往往是诗人的自况，通常与诗人的自我形象完全融为一体。诗人在描摹事物中或是寄托自己的感情，或是流露自己的生活态度，或是寄寓美好的愿望，或是包含人生的哲理，或是展现诗人的生活情趣。

历代诗人喜欢咏物，吟咏的对象，包括自然界中的万物，大到山川河岳，小至花鸟虫鱼。诗人在细致描摹的同时，寄托自己的感情。陶渊明咏菊，抒发自己不慕富贵、悠然闲适的人生态度；陆游咏梅，表明自己坚守正义、不媚于俗的英雄气节。

写咏物诗要做到"不即不离"，既要"不滞于物"，又要"曲尽其妙"，也就是既不停留在事物的表面，又要切合吟咏对象的特点。如林逋咏梅，"疏影横斜水清浅，暗香浮动月黄昏"，诗人通过月下水边梅枝横斜的剪影，写出梅花冰清玉洁的神态品格。

由于诗人的经历和情趣不同，观察不一，对同一事物的吟咏所表达出的感情也不同。同是菊花，在一般文人笔下，它是高风亮节、高雅傲霜的象征，如郑思肖"宁可枝头抱香死，何曾吹落北风中"即是表达这种情怀；而作为农民领袖的黄巢一反文人传统，赞美菊花"他年我若为青帝，报与桃花一处开"，赋予菊花以顶风傲寒、战天斗地的精神，读来感人肺腑。

▍诗词游戏

填写诗句的上一句。

能	开	二	月	花

蜂 [唐] 罗隐

不论平地与山尖，

无限风光尽被占。

采得百花成蜜后，

为谁辛苦为谁甜？

▌关于作者

罗隐（833—910）：字昭谏，杭州新城（今浙江富阳西南）人，唐末五代时期诗人，著有《谗书》《两同书》等。因其《谗书》内容抨击专制统治，为当权者所憎恶，以致参加科举考试十余次皆落第，史称"十上不第"。五代十国时期，为吴越王钱镠（liú）所重用。

▌作品赏析

在文人墨客笔下，蜂与蝶经常被视为行为轻浮的象征。然而蜜蜂毕竟与蝴蝶不同，它为酿蜜而辛苦一生，奉献多，享受少。

诗的开篇几乎以矜夸的口吻，极力赞扬蜜蜂占有领地之广：无论是在平原田野还是崇山峻岭，凡是鲜花盛开的地方，都是蜜蜂的领地。末两句反跌一笔，写蜜蜂采尽百花酿成蜂蜜后，到头来又是在为谁忙碌呢？言下之意辛苦属于自己，而甜蜜属于别人！真是令人感慨不已。

此诗采用了夹叙夹议、欲夺故予的表现手法，赞美了蜜蜂辛勤劳动的高尚品格，同时赞美了那些终日勤劳、为社会创造财富的人，也讽刺了那些不劳而获的人。

墨 梅　　　[元] 王冕

我家洗砚池头树，

朵朵花开淡墨痕。

不要人夸好颜色，

只留清气满乾坤。

▌关于作者

　　王冕（1287—1359）：字元章，号煮石山农，绍兴诸暨（jì）人，元代著名诗人、文学家、书法家、画家。出身农家，幼年丧父，每天利用放牛之际学画荷花，夜晚到寺院的长明灯下读书，因此学识渊博，能诗善画。

　　王冕淡泊名利，远离世俗，隐居会（kuài）稽（jī）九里山，广栽梅竹，修建茅庐三间，题为"梅花屋"，弹琴赋诗，饮酒长啸。在画坛上，王冕以画墨梅著称，也善画竹石，相传他始创用花乳石作刻印印材。

▌作品赏析

　　这是一首题画诗，墨梅就是用墨笔勾勒的梅花。诗人家洗砚池边有一棵梅树，朵朵开放的梅花都显出淡淡的墨痕，诗的开头刻画出梅花朴素淡雅、在严寒中威然傲立的风骨。

　　墨梅不求人夸颜色的好看，只要把梅花的清香之气弥漫于天地之间，这实际上是借梅自喻，表达了诗人不向世俗献媚的高尚节操。

　　诗人将画格、诗格、人格浑然融为一体，表面上赞誉梅花，实际上抒发了诗人自己的高尚情趣和淡泊名利的胸怀。

画 鸡　　　　[明]唐寅

头上红冠不用裁，

满身雪白走将来。

平生不敢轻言语°，

一叫千门万户开。

注释 ○平生：平素，平常。轻：轻易，随便。言语：指说话，这里指公鸡啼鸣。

关于作者

　　唐寅（1470—1523）：字伯虎，号六如居士、桃花庵主、鲁国唐生等，江苏吴县（今苏州）人，明代画家，文学家。少年时才华横溢，玩世不恭，弘治十一年（1498）成江南举人第一名，即解元。次年赴京参加会试，受科场舞弊案牵连入狱，出狱后贬往浙江为吏，愤而归籍，因夫妻反目更遭人鄙视，于是绝意进取，以卖文鬻（yù）画为生。唐寅与祝允明、文徵明、徐祯卿并称"吴中四才子"，画与沈周、文徵明、仇英并称"明四家"，平生傲视权贵，以"江南第一风流才子"自誉。

作品赏析

　　这是一首题画诗，写出公鸡的威武与啼鸣报晓的本色。公鸡最耀眼的莫过于头顶红冠，就像一顶鲜亮高贵的帽子，并非一般工匠所能裁剪；它一身油亮洁白的羽毛没有一丝混杂，它昂首阔步，身姿矫健透着一种高贵；它平日并不轻易发声，但它一声啼鸣，千家万户应声打开户门，迎接美好的一天！显然这是一只"一唱天下白"的雄鸡。诗作表面描绘雄鸡，其实诗人唐寅也如此威武，他不鸣则已，鸣则动人，这只雄鸡就是诗人精神面貌和思想情怀的写照。

杏花春雨，夏荷莲叶，秋月秋蝉，寒风江雪，诗人面对四季美景，吟诗填词，击节高歌，为我们勾画出四季风景的曼妙。

　　本篇收录诗词曲 11 首，按照春、夏、秋、冬的四季排列，让我们一起品味大自然的季节变幻之美，体验四季的不同，时光的永恒。

一年好景君须记

四季篇

春　晓　[唐] 孟浩然

春眠不觉晓，

处处闻啼鸟。

夜来风雨声，

花落知多少。

▍关于作者

　　孟浩然（689—740）：襄州襄阳（今湖北襄樊市襄阳区）人，诗与王维齐名，并称"王孟"，盛唐时期著名的山水田园诗人，李白、王昌龄、杜甫等人都是他的好友。孟浩然一生过着隐居和漫游的生活，因未曾入仕，故又称为孟山人。山水田园是他诗歌中的主要题材，其诗清淡幽远，长于写景，多反映隐逸生活。

▍作品赏析

　　此诗为诗人隐居鹿门山时所作，语言清丽，意境深远，可谓千古流传，妇孺皆知，至今仍因朗朗上口而被广为吟唱。诗的前两句从听觉着手，描绘诗人春宵梦醒后，听到院中悦耳的鸟鸣不断，展示了春晓之景的活力，令人感受到春日的勃勃生机，表达了诗人对春天的喜爱和怜惜之情。诗的后两句，诗人展开联想，昨夜听到雨声潇潇，风声飒飒，想必院中的花儿在风吹雨打下不知凋谢了多少，隐含了诗人对春光流逝的淡淡哀愁。

　　全诗如同行云流水，清新流畅，看似平实无奇，却韵味无穷，让读者借此寻得一丝大自然的真趣。

早春呈水部张十八员外 °　［唐］韩愈

天街小雨润如酥 °，

草色遥看近却无。

最是一年春好处，

绝胜烟柳满皇都 °。

注释

○ 呈：恭敬送给。水部张十八员外：指唐代诗人张籍，在同族兄弟中排行第十八，
曾任水部员外郎。

○ 天街：京城街道。润如酥：细腻如酥油。酥，酥油，动物的油，形容春雨
细滑润泽。

○ 绝胜：远远胜过。皇都：帝都，指长安。

关于作者

　　韩愈（768—824）：字退之，河南河阳（今河南孟州南）人，因昌黎为唐
代韩氏的郡望，因此自称"昌黎韩愈"，世称"韩昌黎"，唐代中期著名的文
学家、思想家。诗与孟郊齐名，并称"韩孟"。

　　贞元八年（792）进士，在刑部侍郎任上，他上疏劝谏唐宪宗勿迎佛骨，
触怒皇帝，被贬为潮州刺史。后于穆宗时，召为国子监祭酒，历任京兆尹及兵
部、吏部侍郎。韩愈倡导唐代的古文运动，被尊为"唐宋八大家"之首。

作品赏析

　　此诗描写早春的朦胧美景。早春二月，小雨落在皇城街道上，犹如酥油一样
柔腻光滑。一番小雨过后，春草的芽儿冒出来了，远远望去，仿佛一片极淡极淡
的青色，这是早春的草色。而透过雨丝遥望草色，更给早春增添了一层朦胧美。
可当你走近仔细看时，地上是极为纤细的草芽，草色若有若无。诗人像是水墨画

家，挥洒着妙笔，描出那一抹淡淡的青青之痕，"草色遥看近却无"真可谓兼摄远近，空灵传神。

初春的草色非常清淡，诗人认为，它比那满城处处烟柳的暮春三月景色，不知要胜过多少倍。因为草色是早春时节特有的，象征着大地春回、万象更新之意。而烟柳满城皆是，也就不稀罕了。

▎知识延伸

清明戴柳与射柳

"清明不戴柳，红颜成皓首"清明节人们有头戴柳条帽的习俗，含有愿春色长留人间、永葆青春之意。此外，柳树容易插活，生长迅速，枝繁叶茂，戴柳又表示前程发达、生机蓬勃之意。相传黄巢起义时，曾以戴柳为号，即希望如春柳一般生机勃发，一举成功。现在我国北方及闽台地区还有清明戴柳的习俗。

清明射柳始于战国，流行于汉朝，至唐代被官方定为正式比赛项目。这是清明节前后举行的一项娱乐活动，即在距离柳树一百步远的地方，用弓箭射击悬挂的柳叶。后来人们把射柳叶改为射葫芦，即将一只鹁（bó）鸽装在葫芦里，挂在百步之外的柳树上，以射中葫芦、惊飞鹁鸽的命中率来决定胜负。虽是射葫芦，但人们仍然习惯称为"射柳"。

▎诗词游戏

填写诗句的上一句。

花	落	知	多	少

春 日　[宋] 朱熹

胜日寻芳泗水滨°，

无边光景一时新。

等闲识得东风面°，

万紫千红总是春。

注释 ○ 胜日：天气晴朗的好日子。寻芳：指游春，踏青。泗水：河名，在山东中南部。
○ 等闲：平常、轻易。

关于作者

朱熹（1130—1200）：字元晦，号晦庵，晚称晦翁，又称紫阳先生、考亭先生，祖籍徽州府婺源（今江西婺源），出生于南剑州尤溪（今福建尤溪），南宋著名理学家、思想家、哲学家，世称朱子，是继孔子、孟子之后最杰出的弘扬儒学的大师。

朱熹是程颢、程颐的三传弟子李侗的学生，继承了北宋周敦颐与二程学说，为理学的集大成者，曾为《大学》《中庸》《论语》《孟子》四书作集注，明清时期作为科举考试的教本。

作品赏析

这是一首游春诗。在阳光明媚的春日里，诗人到泗水之滨来寻觅美好的春景，只见无边无际的风光景物，一时都换了新颜。春回大地，焕然一新的自然风光与诗人郊游时的欣喜跃然纸上。诗人欣慰地发现，春天的特征与面貌很容易让人辨认，百花齐放、万紫千红不就是春天的风光吗？

　　事实上，泗水之滨早已被金人侵占，朱熹不可能在泗水之滨游春吟赏。春秋时孔子曾在泗水之滨讲学，因此"寻芳"即是探求圣人之道。"万紫千红"比喻孔子之学如同春天的百花颜色一样丰富多彩，诗人将圣人之道比作催发万物的春风，因而这又是一首哲理诗。

▎知识延伸

泗水人文

　　春秋时期，孔子曾在洙（zhū）水、泗水之间弦歌讲学，教授弟子。他曾站在河边，望着昼夜流淌不息的河水，发出"逝者如斯夫，不舍昼夜"的慨然长叹。唐代大诗人李白足迹遍及泗水两岸，留下"秋波落泗水，海色明徂（cú）徕（lái）"的佳句。

　　南宋理学家朱熹写出"胜日寻芳泗水滨，无边光景一时新"的著名诗句。乾隆下江南，曾有九次留宿于泗水县的泉林行宫。泗水人文之胜，由此可见一斑。

诗词游戏

填写诗句所缺的部分。

应	怜					
小	扣			久	不	开
一	枝	红	杏	出	墙	来

游园不值 ° [宋]叶绍翁

应怜屐齿印苍苔°，

小扣柴扉久不开°。

春色满园关不住，

一枝红杏出墙来。

注释

○ 游园不值：游园没有遇到主人。值，遇到。

○ 应：大概，表示猜测。怜：怜惜。屐（jī）齿：屐是木鞋，鞋底前后都有高跟儿，叫屐齿。

○ 小扣：轻轻敲门。柴扉：用木柴、树枝编成的门。

▍关于作者

　　叶绍翁：生卒年不详，字嗣宗，号靖逸，浙江龙泉人，南宋著名诗人。光宗至宁宗期间，曾在朝廷做小官，与同乡进士、参知政事真德秀过从甚密。擅长七言绝句，属于江湖派诗人，意境高远，用语新警，非一般江湖派诗人可比。

▍作品赏析

　　唐宋时期，许多官僚地主与名人雅士都有自己的园林，他们在其中修建池台、栽种花木。江南二月阳光明媚，诗人乘兴来到一个小花园门前，轻轻敲了几下柴门，没人应声，半天无人开门迎客，是主人真的不在，还是怕园里的满地青苔被游人的木屐践踏而闭门谢客？于是，诗人写下这首饶有逸趣的小诗。

　　园林地处幽静之所，经过春雨的滋润，门前长满了青苔，像铺了绿绒毯似的。诗人想寻幽探胜，却被拒之门外，那种恋恋不舍之情油然而生。最后，在低低的墙上，诗人看到一枝鲜红浓艳的杏花探出头来。诗人恍然大悟，啊，满园的春色到底是关不住的，即使园门紧闭，居然还有红杏伸过墙来，向人们报告春天的消息！由这枝红杏可以推测，园内一定繁花似锦、蝶舞莺啼。

▍知识延伸

“红杏枝头春意闹”闹出的“红杏尚书”

　　宋祁是北宋著名的文学家、史学家，被世人称为“红杏尚书”，这一绰号是怎么来的呢？原来宋祁非常聪明，宋仁宗天圣二年（1024），他与兄长宋庠（xiáng）同举进士，他排名第一，宋庠排名第三，而皇太后认为弟弟不可排在哥哥之前，因而改宋庠为第一。后来，宋祁官至工部尚书，写下《玉楼春》一词歌咏春天，词中有“绿杨烟外晓寒轻，红杏枝头春意闹”的词句。

　　词中的一个“闹”字，把春天点染得生机勃勃，在当时影响巨大，词人因此获得“红杏尚书”的美誉。“闹”字既写出了红杏的众多纷繁与争奇斗艳之神，点染出大好春光的生机勃勃，又表现出词人爱春惜春的欣喜之情。

晓出净慈寺送林子方 °

［宋］杨万里

毕竟西湖六月中，

风光不与四时同。

接天莲叶无穷碧，

映日荷花别样红。

注释 ◎ 净慈寺：杭州西湖畔著名的佛寺。林子方：诗人的朋友，官至直阁秘书。

关于作者

杨万里（1127—1206）：字廷秀，号诚斋，吉州吉水（今江西吉水）人，南宋著名诗人、文学家，与陆游、尤袤（mào）、范成大并称"中兴四大家"，被誉为一代诗宗。杨万里的诗歌语言浅近，清新自然，富有幽默情趣，称为"诚斋体"。

作品赏析

诗人驻足六月的西湖边，送别友人林子方，开篇即说六月的西湖，风光不与其他季节相同，然后诗人采用充满色彩对比的句子，描绘出一幅鲜艳夺目的画面：翠绿的莲叶一望无际，与天边相连，使人仿佛置身于无穷的碧绿之中；而娇美的荷花在阳光映照下，更显得格外艳丽。诗人以独特的手法赞美了西湖美景，委婉地表达了对友人的深情与不舍。

山 行 　　　　　[唐]杜牧

远上寒山石径斜°，

白云生处有人家。

停车坐爱枫林晚°，

霜叶红于二月花。

注释

○ 寒山：指深秋时节的山。径：小路。斜：意为伸向。

○ 坐：因为。

关于作者

杜牧（803—852）：字牧之，号樊川居士，京兆万年（今陕西西安）人，宰相杜佑之孙，晚唐著名诗人，与李商隐并称"小李杜"。杜牧的诗歌以七言绝句著称，内容以咏史抒怀为主。

作品赏析

此诗通过描写深秋山林景色的美妙，表达了诗人对秋天景色的喜爱与赞美。诗的前两句写远景，诗人远眺那蜿蜒崎岖伸展到山顶的石路，白云缥缈之间若隐若现着几户人家，一种人间仙境的美丽画面呈现在读者面前。第三句侧重于近景的描绘，诗人笔锋一转，不再放眼远眺前方的山路、白云和人家，而是停车欣赏眼前令人痴迷的枫林晚景。第四句是全诗的中心句，也是此诗凝聚笔力成为千古绝句的点睛之笔：那火红艳丽的枫叶比二月的花还要红，还要娇美可爱，凸显出诗人对枫叶和秋日的无限喜爱。

此诗远景勾勒与近景渲染相结合，使飘逸疏阔的远景不仅为绝美的晚秋红叶的近景作了衬托，还为后面的叙事抒情做了情感铺垫。整首诗真正做到了人

与景、诗与画的完美融合，可谓诗中有画，画中有诗，情景交融，显得情韵悠扬，回味无穷。

诗词游戏

填写诗句的下一句。

接	天	莲	叶	无	穷	碧

赠刘景文 °　　　　［宋］苏轼

荷尽已无擎雨盖°，

菊残犹有傲霜枝。

一年好景君须记，

最是橙黄橘绿时。

注释

○ 刘景文：景文是刘季孙的字。刘季孙，祥符（今河南开封）人，宋仁宗、哲宗时为官。其人博通史传，喜好异书与古文石刻，仕宦所得俸禄赏赐，皆用于购书。与苏轼交好，曾受苏轼举荐任隰（xí）州知州。

○ 擎（qíng）：向上托举。

▌关于作者

苏轼（1037—1101）：字子瞻，号东坡居士，眉州眉山（今属四川）人，北宋著名文学家、书画家。苏轼与父亲苏洵、弟弟苏辙皆以文学名世，世称"三苏"。他的诗、词、文、书、画都取得了较高的成就，是继欧阳修之后北宋文坛的领袖人物。诗清新豪健，与黄庭坚并称"苏黄"；古文方面，是"唐宋八大家"之一；作为词人，苏轼开辟了豪放词风，属于豪放派，在文学史上同辛弃疾并称"苏辛"；书法方面，苏轼与黄庭坚、米芾（fú）、蔡襄并称"宋代四家"。

▌作品赏析

此诗是诗人在杭州任知州时赠予好友刘季孙的。诗的前两句写景，以"已无"与"犹有"形成强烈的对比，抓住"荷尽""菊残"等景象，描画出深秋初冬万物衰败的萧瑟情景，凸显出菊花傲霜斗寒的形象。诗的后两句写景兼抒

情，秋末冬初是万物萧瑟的开始，但更是橙黄橘绿、农作物成熟、硕果累累的大好时节，而这一点正是其他季节无法比拟的！这恰如人生一样，青春再好，但匆匆即逝，而中年却是积淀阅历、大有作为的黄金时期。诗人托物言志，借秋季的萧索与丰收，勉励劝喻友人不要意志消沉、妄自菲薄，一定要珍惜时光，乐观向上，坚持不懈，终会获得成功，这就升华了本诗的意境情感。此诗的高明之处即在于不露痕迹地将刘季孙的品性和节操，糅合在对深秋初冬景物的描摹和赞美之中。

▎知识延伸

"荷尽菊残"与张勋的"辫子军"

在清代，成年男子把前颅头发全剃去，只留颅顶后头发，编成辫子，垂于脑后，主要是便于山林中骑射。辛亥革命后，开始强制实行剪辫法令，倾向革命的以及开明人士纷纷剪辫子，但各地抵制剪辫的事件时有发生。北洋军阀张勋为了表示效忠清室，禁止所部剪辫子，被人称为"辫帅"，他的军队被称为"辫子军"。1917年，张勋还发动复辟，拥戴溥仪恢复帝位。现代学者辜鸿铭引用苏轼《赠刘景文》"荷尽已无擎雨盖，菊残犹有傲霜枝"的诗句，对成对联，来讽刺张勋。联中"擎雨盖"暗喻清朝官员的帽子，"傲霜枝"比喻清代男人脑后的辫子，认为清朝已到了"荷尽菊残"的地步，但张勋依旧冥顽不化。

▎诗词游戏

从下面九个字中识别一句五言诗句。

遥	知	藉					
静	不	是					
秋	风	雪					

天净沙·秋思

[元] 马致远

枯藤老树昏鸦，小桥流水人家，古道西风瘦马。夕阳西下，断肠人在天涯°。

注释
° 断肠人：形容伤心悲痛到极点的人，本曲指漂泊异乡、极度孤寂的旅人。天涯：远离故乡的地方。

关于作者

马致远（约1251—1321以后）：字千里，号东篱，大都（今北京）人，元代戏曲作家、散曲家，与关汉卿、郑光祖、白朴并称"元曲四大家"。青年时仕途坎坷，中年中进士，在大都任工部主事。晚年不满时政，隐居田园。所作杂剧有15种，《汉宫秋》是其代表作，散曲有辑本《东篱乐府》，被誉为"秋思之祖"。

作品赏析

本曲句子别致，语言凝练，意蕴深远，用九种景物和一位"断肠人"勾勒出一幅秋郊羁旅图，借以抒发诗人羁旅异乡的失落惆怅之情。头两句以枯藤、老树、昏鸦、小桥、流水、人家六种景物，凸显出秋郊别样的幽雅闲致，营造出一种清冷昏暗的氛围，为读者呈现了一幅深秋僻静的乡村图景。第三句用古道、西风、瘦马三种景物，为僻静的乡村增加了一层萧索荒凉之感。最后一句为全曲精华所在，在残阳西落之下出现一位漂泊不定的游子，他牵着一匹瘦马，迎着苍凉的秋风，愁苦前行，他不知自己前往何处，也不知归宿在何方。

此曲通过景物的渲染，烘托出作者抑郁不得志的悲凉情怀和身为游子对故乡亲人的思念，呈现出旅人漂泊异乡的愁思。

江 雪　［唐］柳宗元

千山鸟飞绝，

万径人踪灭。

孤舟蓑笠翁°，

独钓寒江雪。

注释　○ 蓑（suō）笠（lì）：蓑衣和斗笠的合称。蓑，古时防雨的衣服。笠，古时防雨的帽子。

关于作者

柳宗元（773—819）：字子厚，河东解（今山西运城市西南）人，世称"柳河东"，唐代著名文学家、思想家，"唐宋八大家"之一，与韩愈共同倡导古文运动，并称"韩柳"。文学作品语言朴素自然，风格淡雅而意味深长。

作品赏析

诗人参与唐顺宗时期的"永贞革新"，失败后受到宦官势力的打击，被贬为永州司马而作此诗。诗人被贬后身体和精神上都遭受了重创，为此他寄情山水，用以宣泄自己在政治上的失意与愤懑（mèn）。此诗为读者描绘了一幅江天雪景的独钓图。

诗人心情痛苦寂寞，在他的眼里只有漫天的大雪、鸟儿"飞绝"后高耸无依的山峦以及人迹消失后空荡无声的小路，看不到一丝生气和活力。后两句写江心中一叶扁舟上孤独地坐着一位垂钓的老翁，他头戴斗笠，身穿蓑衣，在冰天雪地的江上垂钓，有鱼会上钩吗？任凭读者想象。此诗以"千山"与"万径"、"孤舟"与"独钓"进行对比，加深了读者对诗人内心痛苦的真实感受，最后一句"独钓寒江雪"是神来之笔，不仅将全诗的韵律格调升华，还使诗人内心的痛苦迷茫转化为人格上的鄙弃世俗与高洁傲岸。整首诗采用远近结合、虚实相生和托物言志等表现手法，奠定了此诗千古吟诵的艺术基调。

知识延伸

唐宋八大家

唐宋八大家指唐代的韩愈、柳宗元和宋代的苏洵、苏轼、苏辙、欧阳修、王安石、曾巩。他们主持唐宋时期的古文运动，提倡散文，反对骈文，对中国文坛影响非常深远。其中韩愈、柳宗元是唐代古文运动的领袖，欧阳修、王安石是宋代古文运动的领袖，而"三苏"是宋代古文运动的核心人物。

韩愈是唐宋八大家之首，有"文章巨公"和"百代文宗"之名，杜牧把韩愈与杜甫并列，称"杜诗韩笔"，苏轼称他"文起八代之衰"。韩愈注重口语提炼，创造出许多新语句，如"落井下石""动辄得咎""杂乱无章"等。在思想上，韩愈是中国"道统"观念的确立者，是尊儒反佛的里程碑式人物。

梅　花　［宋］王安石

墙角数枝梅，

凌寒独自开。

遥知不是雪，

为有暗香来。

注释　○ 凌寒：冒着严寒。

关于作者

　　王安石（1021—1086）：字介甫，号半山，世称"王荆公"，抚州临川（今江西抚州）人，北宋著名政治家、文学家、思想家。王安石以"天变不足畏，祖宗不足法，人言不足恤"的精神推动改革，力图革除北宋积贫积弱的弊病，实现富国强兵，是中国11世纪伟大的改革家。在文学上，王安石倡导古文运动，成就突出，是"唐宋八大家"之一。

作品赏析

　　诗人创作此诗时，已经年过半百，他所推行的变法措施被推翻，两次辞相，两次复任，对政治可谓心灰意懒，心情非常郁闷。梅花，与松、竹一道被称为"岁寒三友"，品德高尚，洁白如雪，不畏严寒，虽然生长在墙角，但毫不自卑，远远就能闻到它的清香。诗人以雪喻梅，突出梅的冰清玉洁，又以"暗香"点出梅胜于雪，说明高洁坚强的人格所具有的魅力。诗人积极改革政治却得不到支持，心态的孤独和处境的艰难，与梅花有相似之处。这首小诗意味深远，语言自然朴素，没有丝毫雕琢的痕迹。

卜算子·咏梅　　毛泽东

风雨送春归，

飞雪迎春到。

已是悬崖百丈冰，

犹有花枝俏。

俏也不争春，

只把春来报。

待到山花烂漫时，

她在丛中笑。

关于作者

　　毛泽东（1893—1976）：字润之，湖南湘潭人，伟大的马克思主义者，无产阶级革命家、战略家和理论家，中国共产党、中华人民共和国的缔造者和领导人。

作品赏析

　　1961年12月，毛泽东阅读陆游《卜算子·咏梅》一词，想到祖国面临着国际反华浪潮和国内经济困难的双重困扰，深有感触，写下这首同名词作。词的上阕描写大雪纷飞的隆冬，悬崖峭壁都结了百丈冰凌，在如此寒冷的冬天，梅花却一枝独秀，傲然挺拔。从"花枝俏"的"俏"字可以看出，梅花充满了

　　喜悦和自信。下阕进一步把梅花的形象深化：梅花虽然俏丽，但它不和其他的花儿争奇斗艳，只愿做一名春天的使者，为人们送来春天的讯息。而当寒冬逝去、春光遍野的时候，它独自隐逸在万花丛中，发出欣慰的欢笑，充分体现了梅花大公无私和默默奉献的精神。

　　在这首词里，毛泽东借梅自喻，但一反陆游词作的孤独、沉郁和凄凉的情绪，格调高昂，歌颂了梅花历风雪而报春、万木萧条而独吐芬芳、引百花吐艳而不居功自傲的高尚品格，抒发了一个无产阶级革命家博大的胸怀。

　　这首词洒脱豪放，大大超越陆游《咏梅》所抒发的"情"和"志"，表明中国共产党人在险恶的环境下绝不屈服，勇于迎接挑战，直到取得最后胜利的战斗精神。

┃ 知识延伸

梅文化

"春为一岁首，梅占百花魁"，隆冬时节雪花漫天，百花肃杀，而梅花却迎着冰雪悄然开放。梅花的风韵之美令人喜爱，它满身清气、傲视风雪、铁骨铮铮、高洁吉祥的品质，更使人感悟其中蕴涵的品格力量和精神意韵。千百年来，梅花精神已经植入中国文化的血液，浸润着国人的精神，陶冶着国人的情操。

梅树是中国的特产，是花中寿王，可活千年以上，有的树心已成空洞，却仍然孕蕾开花，有"梅活一线"之说。华夏大地上除"唐梅""宋梅"，还有"晋梅""隋梅"。"晋梅"挺立在湖北黄梅，每年花开满树，已有1600多岁高龄，见证着华夏民族的诞生、兴旺与繁荣。

岁末寒冬，探梅赏梅成为文人墨客的雅事：有时梅花晚开，古人便携带卧具，梅下坐候；有时宾客可以烹茶煮酒，邀约同赏。在漫长的历史演进中，人们食梅、植梅、用梅，进而艺梅、器梅、颂梅，由梅品而人品，逐渐形成了内涵丰富而又独具一格的梅文化。

┃ 诗词游戏

天女散花：填花名，补诗句。

竹	外			三	两	枝
		雪	白			稀
千	树	万	树			开
唯	有			真	国	色
一	枝			出	墙	来

"一切景语皆情语，一切情语皆景语"是景物诗最大的特点。诗人笔下的山水景物，大多融入他们的主观情感与人生态度，或借景抒情，或情景交融；既能描摹雄奇壮阔、清新优美的风景，又能巧妙捕捉自然之中的种种生活情趣，借以反映诗人闲适恬淡的思想境界，意境幽深。

　　比如，王维《鹿柴》采用以动衬静、以局部衬全局的手法，描写出鹿柴傍晚时分幽静空寂的景色；李白《古朗月行》是一首极富想象力的诗，写出诗人儿时对月亮的认识，对美好的月上生活的好奇与向往；韦应物《滁州西涧》以幽草、深树、黄鹂、西涧、归舟写出滁州西涧景物的清丽娴雅，流露出诗人不趋时媚俗的性情。

乱花渐欲迷人眼

景物篇

江　南　　汉乐府

江南可采莲°，

莲叶何田田°。

鱼戏莲叶间。

鱼戏莲叶东，

鱼戏莲叶西，

鱼戏莲叶南，

鱼戏莲叶北。

注释
○ 可：适宜，正好。
○ 田田：荷叶茂盛的样子。

▎作品赏析

　　这首民歌以简洁明快的语言、清新明快的格调，勾勒出江南采莲欢快的场面，令人感受到采莲人内心的欢愉。在一望无际的碧绿莲叶下，鱼儿自由自在地欢快嬉戏，此时正是适合采莲的季节。但诗歌并未直接描写采莲人，而是采用回旋反复的手法，描写鱼儿在莲叶之间嬉戏的情景。

▎知识延伸

"乐府"和"乐府诗"

　　乐府是汉代掌管音乐的官署，其职能是掌管宫廷所用的音乐，训练乐工，制定乐谱，便于在朝廷宴饮或祭祀时演唱，同时，还负责采集民间歌谣和乐曲。魏晋以后，将汉代乐府机关所搜集演唱的诗歌，统称为"乐府诗"。乐府诗最能代表汉代诗歌的成就，常采用赋、比、兴以及互文、反复歌咏的修辞手法，以及铺陈、对比、烘托等写作技巧状物抒情，内容丰富，题材广泛。

诗词游戏

填写诗句的下一句。

小	荷	才	露	尖	尖	角

鹿　柴°　[唐]王维

空山不见人，

但闻人语响°。

返景入深林°，

复照青苔上。

注释

○ 鹿柴（zhài）：王维辋川别墅之一（在今陕西蓝田）。柴，用树木围成的栅栏。

○ 但：只。

○ 返景（yǐng）：同"返影"，太阳将落时通过云彩反射的阳光。

关于作者

王维（约701—761）：字摩诘，河东蒲州（今山西运城）人，盛唐时期著名山水田园派诗人，官至尚书右丞，世称"王右丞"。王维擅长写诗，精通音乐和书画，开创了水墨山水画派。北宋词人苏轼称赞他的诗"诗中有画，画中有诗"。王维晚年无心仕途，虔诚信佛，因此又被称为"诗佛"。

作品赏析

唐朝天宝年间，王维在终南山下购置辋川别业，鹿柴是其别业的胜景之一。王维是诗人、画家兼音乐家，此诗体现出诗、画、乐的结合，绝妙之处在于以动衬静，以局部衬全局。此诗描写了鹿柴傍晚时分幽静的景色。诗人落笔先写"空山"看不见人的足迹与影踪，接下来却笔锋一转，以"但闻"引出"人语响"来。空谷传音，愈见大山的空旷；人语过后，愈添山谷的空寂。最后描写夕阳的余晖射入幽深的森林，青苔上反射着昏黄的微光，愈加给人幽静之感。

王维以诗人对语言的锤炼，画家对光的把握，音乐家对声的感悟，刻画出空谷人语、斜晖返照的清幽景象，耐人寻味。

知识延伸

"动中有静，静中有动"的艺术手法

在诗歌中，"动静结合"是一种常见的写景手法。诗人写景状物时，孤立地描写动态或静态，往往不能让人印象深刻，若将动态描写与静态描写结合起来，以静写动，以动衬静，则会营造出奇异的氛围，塑造出形象、逼真的艺术效果。动静结合的方式，一是化动为静，把运动的事物当作静止的事物来写，如李白《望庐山瀑布》"遥看瀑布挂前川"，一个"挂"字化动为静，生动形象；二是化静为动，描写出静态事物在运动时的形态和神态，如王安石《书湖阴先生壁》"两山排闼（tà）送青来"，一个"送"字把静止的山写活了；三是以动衬静。即通过描写动态，反衬和突出静态，如贾岛《题李凝幽居》"僧敲月下门"，一个"敲"字动感十足，反衬出月夜环境的寂静。

鸟鸣涧　　[唐]王维

人闲桂花落，

夜静春山空。

月出惊山鸟，

时鸣春涧中。

▌关于作者

王维：作者介绍见其诗《鹿柴》。

▌作品赏析

王维的山水诗，喜欢创造出静谧的意境。此诗采用动静对比的艺术手法，通过花落、月出、鸟鸣这些"动"的景物，更加突出春涧的幽静。

首句将"花落"与"人闲"结合起来写，花开花落，都是大自然的天籁之音，人唯有心真正闲下来，抛弃对世俗杂念的迷恋，将精神升华到一个空灵的境界，才能听到桂花飘落的声音。白天的春山是一片鸟语花香、欢声笑语的喧闹画面，此时夜深人静，山林也显得更加空旷，其实"空"更是诗人充满禅意的心境，唯有心境洒脱，才能感受到别人无法感受到的情景。末句以动写静，一"惊"一"鸣"，看似打破了夜间春山的静谧，实则以声音的描绘衬托出山的幽静与闲适：月光如流水般倾泻下来，几只鸟儿从梦中惊醒，不时呢喃几声，更将寂静山林的整体意境烘托出来，与王籍"蝉噪林逾静，鸟鸣山更幽"有异曲同工之妙。

诗词游戏

填写诗句的下一句。

风	雨	送	春	归

竹里馆

[唐] 王维

独坐幽篁里°，弹琴复长啸°。

深林人不知，明月来相照。

注释
○ 幽篁（huáng）：幽深的竹林。幽，幽深；篁，竹林。
○ 啸：长声呼啸，魏晋名士称吹口哨为啸。

关于作者

王维：作者介绍见其诗《鹿柴》。

作品赏析

诗人信奉佛教，思想超脱，40岁以后过着半官半隐的生活。他常常独自坐在幽深的竹林中，意兴清幽，心灵澄净，在月夜下，时而弹琴抒发寂寞的情怀，时而发出长长的啸声，以宣泄内心的感慨，这无不体现出诗人超世脱俗、高雅闲淡的气质。竹林僻静无人知晓，诗人幽居其中，也并不感到孤独寂寞，因为一轮洒着银辉的皎洁明月，还时时照耀着他。全诗格调幽静闲远，自然的景致与诗人的心境完全融为一体。此诗以自然平淡的笔调，描绘出清新可人的月夜幽林，蕴含着独特的艺术魅力，成为千古流传的佳作。

知识延伸

阮籍与苏门长啸

竹子叶如箭指，质如坚石，干可断而不改其直，身可焚而不变其节，因此文人墨客喜欢独坐幽竹之中，表现自己具有翠竹一样的气节。据刘义庆《世说新语》记载，汉魏时期"竹林七贤"之一的阮籍，和好友嵇康等人对世俗礼教与统治阶级内部争权夺利非常不满，时常在竹林里聚会，咏诗言志。阮籍曾在苏门山遇见孙登，同他一起讨论有关神仙、导引、气功的方术，孙登没有回答，于是阮籍长啸而去。走到半山腰，听到像鸾凤的声音在山谷回响，他寻声望去，正是孙登在长啸。

　　后来，人们以"苏门长啸"比喻高士的情趣，历代诗人常引以为典故，如唐代诗人孟浩然《题终南翠微寺空上人房》"风泉有清音，何必苏门啸"，唐代诗人王维《竹里馆》"独坐幽篁里，弹琴复长啸"，北宋诗人林逋《中峰》"自爱苏门啸，怀贤思不群"。

古朗月行　　　　　　　　　　〔唐〕李白

小时不识月，呼作白玉盘°。

又疑瑶台镜°，飞在青云端。

仙人垂两足，桂树何团团°。

白兔捣药成°，问言与谁餐？

蟾蜍蚀圆影°，大明夜已残。

羿昔落九乌°，天人清且安。

阴精此沦惑°，去去不足观。

忧来其如何？凄怆摧心肝。

注释

○ 白玉盘：白玉做成的盘子，比喻月亮又圆又大。

○ 瑶台：古代神话中神仙居住的地方。

○ 仙人、桂树：在古代神话中，仙人是驾月的车夫，月亮上长着桂树。月亮随时间变化，由缺变圆，到月圆之际便可看见仙人和桂树全貌了。

○ 白兔、蟾蜍：指神话中生活在月亮上的动物，月圆之际便能看见白兔在捣药，而蟾蜍在不停地吞噬月亮。

○ 羿昔落九乌：指古代神话中的后羿射日。传说天上曾出现十个太阳，大地被烤得炙热，后羿射落其中的九个太阳，只留一个挂在天上。

○ 阴精：代指月亮。

关于作者

李白（701—762）：字太白，号青莲居士，唐代浪漫主义诗人，被后人誉为"诗仙"，与杜甫并称"李杜"。祖籍陇西成纪（今甘肃静宁西南），出生于碎叶（在今吉尔吉斯斯坦北部托克马克附近），四岁随父迁至四川绵州昌隆（今四川江油）青莲乡。李白生活在盛唐时期，他的诗歌表现出蔑视权贵、反抗传统束缚、追求自由和理想的积极精神。现存诗900余首，著有《李太白集》。

作品赏析

这是一首极富想象力的诗，也是一首借神话隐喻现实的诗，体现了诗人对唐玄宗晚年政局混乱的不满和诗人去留不定的复杂心理。

诗的前四句写诗人儿时对月亮的认识，"识""呼""疑"三字用得十分传神。五到八句写诗人对有关月亮神话的想象与疑问：月上的仙人是垂着双足的吗？月上的桂树为什么长得圆圆的？月上的白兔捣成了药，要给谁吃呢？这些都是诗人对美好的月宫生活的好奇与向往。九到十二句话锋一转，美好的月亮被蟾蜍一点点蚕食，正变得残缺不全。自己想要像后羿那样射落危害人间的九个太阳，还天上人间以清静安宁。而今月亮残缺且模模糊糊，没有什么值得观赏的了，还是走开吧。但诗人又不忍心一走了之，因而落得悲伤断肠。后八句写出诗人犹豫不安的复杂心理，借神话故事来比喻现实政治中的混乱局面，自己无法像后羿那样还世人安宁，又想远去他乡，对朝政不闻不问。

夜宿山寺°

［唐］李白

危楼高百尺°，手可摘星辰。

不敢高声语，恐惊天上人。

注释
○ 宿：住宿，过夜。
○ 危楼：高楼，此指山顶的寺庙。危，高。百尺：虚指，形容楼很高。

▎关于作者

李白：作者介绍见其诗《古朗月行》。

▎作品赏析

《夜宿山寺》记述了诗人旅游的情景，运用夸张手法描绘寺中楼宇的高耸，表达对古代庙宇艺术的惊叹以及对神仙生活的向往。首句描绘了山寺矗立山端、雄视天地的非凡气势；次句以夸张的艺术手法渲染山寺的高耸云霄，想象在夜里自己站在寺楼上，举手可以触摸到灿烂的群星。"不敢高声语"衬托出山寺夜景的宁静，联想到"山寺"与"天上人"相距很近，因此不敢大声说话，更加突出山寺之高。

▎知识延伸

古人"排行"称谓

在诸兄弟的名字中，以排行表示同辈兄弟的先后排序，是中国很早就有的习俗。比如以"伯、仲、叔、季、幼、稚"等字，来表示兄弟间的长幼次序。比如，三国时期曹操手下大将夏侯渊，有七个儿子：老大名衡，字伯权；老二名霸，字仲权；老三名称，字叔权；老四名威，字季权；老五名荣，字幼权；老六名惠，字稚权；老七名和，字义权。排行称谓最为突出的是唐代，一般称之为"行弟"，而且在称呼之中用数字来表示，杜甫为杜二，柳宗元为柳八，

元稹为元九，李白为李十二，韩愈为韩十八，张籍为张十八，李绅为李二十，白居易为白二十二，刘禹锡为刘二十八，高适为高三十五……唐代诗文中以排行称呼的更比比皆是，如高适《别董大》《醉后赠张九旭》，王维《送元二使安西》，白居易《问刘十九》。这样的数字化称谓，为什么会有"二十八"，甚至"三十五"这样的大数字，一个人怎么能有几十个兄弟呢？这是因为古人家族观念特别重，三代甚至五代同堂非常普遍，排行是按同一祖父或同一曾祖父的兄弟进行大排行，这样出现"二十八""三十五"甚至更大的数字，也就不足为怪了。

诗词游戏

填动植物名，补全古诗。

西	塞	山	前			飞
		流	水			肥
儿	童	急	走	追		
飞	入			无	处	寻
		萋	萋			洲

黄鹤楼

[唐] 崔颢

昔人已乘黄鹤去°，此地空余黄鹤楼。
黄鹤一去不复返，白云千载空悠悠。
晴川历历汉阳树°，芳草萋萋鹦鹉洲°。
日暮乡关何处是°? 烟波江上使人愁°。

注释
○ 昔人：传说中骑鹤飞升的仙人。
○ 晴川：晴日里的原野。川，平川，原野。历历：清晰可数。
○ 萋（qī）萋：形容草木非常茂盛。鹦鹉洲：在黄鹤楼东北，是长江中的一个小洲。
○ 乡关：故乡家园。
○ 烟波：暮霭（ǎi）沉沉的江面。

关于作者

崔颢（hào）（？—754）：汴州（今河南开封）人，唐代诗人。开元十一年（723）进士，天宝年间为尚书司勋员外郎。为人秉性耿直，因此宦海沉浮，抑郁不得志。崔颢诗名很大，作品激昂豪放、气势宏伟，但诗作、事迹流传很少，现仅存诗40余首。

作品赏析

黄鹤楼枕山临江，轩昂宏伟，仙人王子安乘鹤的优美传说，更给黄鹤楼增添了神奇迷人的色彩，令人神思遐远。诗人满怀憧憬慕名而来，可仙人驾鹤一去不复返，鹤去楼空，只留下一座空空的江楼。唯有天际白云，千载悠悠。这里饱含了岁月不再、世事茫茫的感慨，更涵盖了生不逢时、时不我待的无尽忧思。

诗人放眼远眺，只见艳阳高照下碧空如洗，汉水北岸的绿树分明可数，依稀间鹦鹉洲上的芳草生长得非常茂盛。太阳落山，日暮即将来临，鸟要归巢，游子思乡，然而天下游子的故乡又在何处？江上的雾霭一片迷蒙，问乡乡不语，思乡不见乡。面对此情此景，谁人不生乡愁呢？

此诗语如联珠，自然天成，音律谐美，文采飞扬，被后人推为唐朝七律诗中的第一佳作。

知识延伸

崔颢与黄鹤楼

作为"天下江山第一楼"的黄鹤楼，故址位于今湖北武汉长江南岸蛇山的黄鹄（hú）矶上。它始建于三国吴国，与岳阳楼、滕王阁并称江南三大名楼，有"天下绝景"之称。现在的黄鹤楼于1985年重建。

唐朝诗人崔颢《黄鹤楼》一诗，更使黄鹤楼声名大振。宋代画作《黄鹤楼图》展现了黄鹤楼的面貌：黄鹤楼建在城台上，台下绿树成荫，远望烟波浩渺。

历代关于黄鹤楼的题咏诗很多，但举世公认崔颢此诗堪称绝唱。传说李白登上黄鹤楼，泛览眼前美景，即景生情，诗兴大作，但由于崔颢题诗在前，他不得不说："眼前有景道不得，崔颢题诗在上头。"

▎诗词游戏

从下面九个字中识别一句五言诗句。

小	时	出					
呼	不	惊					
识	月	山					

江畔独步寻花

［唐］杜甫

黄师塔前江水东°，春光懒困倚微风。
桃花一簇开无主°，可爱深红爱浅红？

注释
○ 黄师塔：指一位黄姓僧人的墓地。
○ 无主：自生自灭，无人照管。

▌关于作者

杜甫（712—770）：字子美，河南巩县（今河南巩义西）人，自号少陵野老，唐代伟大的现实主义诗人，与李白合称"李杜"，被后人誉为"诗圣"，他的诗被称为"诗史"。他生活在唐朝由盛转衰的历史时期，经历了安史之乱，创作了《春望》《北征》《三吏》《三别》等名作，表现了当时的民生疾苦和政治动乱，反映了诗人忧国忧民的思想。著有《杜工部集》。

▌作品赏析

这首诗作于杜甫定居成都草堂之后，此前诗人经历了安史之乱的颠沛流离，身心疲惫，此时生活刚刚安定。这首诗以赏花排忧为主题：黄师塔前江水向东流去，在和煦的春风里，诗人略带倦懒困乏之意，漫不经心地观赏桃花。其中"春光懒困倚微风"颇有意境，有"春光"，也有"微风"，容易让人联想起春天暖暖的阳光，非常惬意，春光容易催人乏，于是诗人想在春风里休息。

这时，诗人眼前一亮，江边一簇颜色深浅不一的桃花自由自在地盛开着，诗人的精神为之一振。"可爱深红爱浅红"一句，采用叠字，写出了桃花争妍斗艳的景象，表现了诗人对花之美的欣悦，以反问的语气作结，不但饶有兴味，而且由己及人，扩大了审美的范围，强化了美感。

▌知识延伸

中国文学史上的"圣地"——杜甫草堂

杜甫草堂位于成都西门外的浣花溪畔，是诗人杜甫流寓成都时的故居。759年冬，杜甫为躲避安史之乱，携家入蜀，在成都建茅屋而居，称"杜甫草堂"。

杜甫在此先后居住近四年，创作了流传至今的240首诗歌，因此草堂被视为中国文学史上的"圣地"，现今是成都杜甫草堂博物馆。朱德参观草堂时，题词"草堂留后世，诗圣著千秋"。郭沫若撰写对联："世上疮痍，诗中圣哲；民间疾苦，笔底波澜。"这些墨迹均保存在杜甫草堂的诗史堂。

绝　句　　　[唐] 杜甫

两个黄鹂鸣翠柳°，

一行白鹭上青天。

窗含西岭千秋雪°，

门泊东吴万里船°。

注释

○ 翠柳：翠绿的柳树。

○ 千秋雪：常年不化的积雪。

○ 万里船：不远万里开来的船只。

▎关于作者

杜甫：作者介绍见其诗《江畔独步寻花》。

▎作品赏析

此诗是诗人定居成都浣花溪畔的草堂时写成。两只黄鹂鸟在翠绿的柳树上来回鸣叫，一行白鹭飞上青天。窗外是西岭雪山上常年不化的积雪，门前的河道里停泊着从遥远的东吴开来的船只。

此诗一句一景，视野先是眼前翠柳上的两只黄鹂，再转向空中的白鹭，之后从空中转向远处的西岭雪山，最后从远处转回门前停泊的万里船，视野由近及远，又从远及近。"东吴万里船"停泊在巴蜀，说明当时长江下游的战乱已平息，交通已恢复。此诗最大的特点是对仗非常工整，杜甫写诗"语不惊人死不休"，因而此诗定是千锤百炼的结果。

▍知识延伸

文化史上的圣贤

1. 文圣：孔丘，被尊为"大成至圣先师"，儒家学派创始人。

2. 书圣：王羲之，东晋书法家，作品有《黄庭经》《兰亭序》。

3. 草圣：张旭，唐代书法家，擅长草书，造诣深厚。

4. 诗圣：杜甫，唐代伟大的现实主义诗人，著有《杜工部集》。

5. 史圣：司马迁，西汉史学家，著有第一部纪传体通史《史记》。

6. 画圣：吴道子，唐代著名画家，擅长人物画。

7. 医圣：张仲景，东汉医学家，著有《伤寒杂病论》。

8. 武圣：关羽，重义气，精武艺，被世人尊为"关帝"。

9. 酒圣：杜康，即少康，古代传说中酿酒术的发明者。

10. 茶圣：陆羽，唐代人，著有《茶经》。

▍诗词游戏

从下面十二个字中识别一句七言诗句。

黄	鹤	故	人
西	辞	一	去
悠	不	复	返

绝　句　[唐] 杜甫

迟日江山丽°，

春风花草香。

泥融飞燕子°，

沙暖睡鸳鸯°。

注释
○ 迟日：指春天日渐长。
○ 泥融：指泥土湿润。
○ 鸳鸯：一种水鸟，常成对活动。

关于作者

杜甫：作者介绍见其诗《江畔独步寻花》。

作品赏析

此诗是一首极富诗情画意的佳作。春天日渐长，山河沐浴着春光，显得明净绚丽，在春风的吹拂下，空气中弥漫着花草的清香。湿润的泥土正好适于燕子搭窝，被春光晒得有些温暖的沙洲上，一对鸳鸯已进入梦乡。

此诗写于成都杜甫草堂，反映了诗人在结束流离的生活后闲居草堂的安适心情。诗的前两句描绘了一幅春光明媚的江山丽景；后两句以飞燕衔泥筑巢的动图和双双入眠的鸳鸯静图相结合，生动勾勒出一幅生意盎然、生机勃勃的春日图画。

知识延伸

古诗词中的燕子意象

燕子是候鸟，随着季节变化而迁徙，喜欢成双成对，住在人家屋檐下。燕

子在古诗词中的意象颇为丰富，非其他鸟类所能及。

一、表现春光美好，传达惜春之情。燕子春天北来，秋天南归，诗人多把它当作春天的使者进行歌颂。如晏殊《破阵子》"燕子来时新社，梨花落后清明"。

二、燕子雌雄颉颃（xié háng），相随以飞，成为爱情的象征，传达思念情人之意。如《诗经·邶（bèi）风·谷风》"燕尔新婚，如兄如弟"；《诗经·邶风·燕燕》"燕燕于飞，差池其羽。之子于归，远送于野"。

三、表现时事变迁，抒发昔盛今衰、亡国破家的感慨。燕子眷恋旧巢，诗人抓住这一特点来寄托兴亡之感，如刘禹锡《乌衣巷》"旧时王谢堂前燕，飞入寻常百姓家"，晏殊《浣溪沙》"无可奈何花落去，似曾相识燕归来"。

四、倾诉离情之苦。如元代散曲家张可久《塞鸿秋·春情》"伤情燕足留红线，恼人鸾影闲团扇"。

五、表现羁旅情愁与漂泊之苦。如苏轼《送陈睦知潭州》"有如社燕与秋鸿，相逢未稳还相送"。在古典诗词中，燕子已成为多种感情的象征，是非常重要的诗词意象。

▌诗词游戏

从下面九个字中识别一句七言诗句。

雪	窗	岭
寒	东	秋
含	西	千

春夜喜雨　　　　　　　　　〔唐〕杜甫

好雨知时节，当春乃发生。

随风潜入夜，润物细无声。

野径云俱黑°，江船火独明°。

晓看红湿处°，花重锦官城°。

注释

- ○ 野径：田野间的小路。俱：全，都。
- ○ 江船：江面上的渔船。独：唯独，只有。
- ○ 晓：清晨。红湿处：指带着雨水的花朵。
- ○ 花重（zhòng）：花因沾着雨水，显得饱满沉重。锦官城：故址在今成都市南，三国蜀汉管理织锦的官员驻于此，故名，后人用作成都的代称。

关于作者

杜甫：作者介绍见其诗《江畔独步寻花》。

作品赏析

唐肃宗上元二年（761），杜甫在成都浣花溪畔的草堂作此诗，描写了春夜降雨、润泽万物的美景，抒发了诗人的喜悦之情，赞美了春夜喜雨无私奉献的品质。

首联写春雨体贴人意，知晓时节，在人们急需之时飘然而至，催发万物的生机。颔联写诗人的听觉感受：在苍茫的夜晚，春雨随风而至，悄无声息，滋润万物。颈联写诗人难以入眠，他推门而出注目远眺，只见田野小路上漆黑一片，可见夜雨很密，而江船渔火耀眼夺目，又反衬出春夜的幽黑与春雨的繁密。尾联是诗人的想象，他目睹春雨绵绵，想到第二天天亮之时，锦官城的花儿红艳欲滴、生机盎然！诗人通过"盼雨——听雨——看雨——想雨"这样一条情感思路来构思全诗，写出了春雨的典型特征，赞美了具有"春雨"品质的高尚人格。

枫桥夜泊 °　　[唐] 张继

月落乌啼霜满天，

江枫渔火对愁眠。

姑苏城外寒山寺°，

夜半钟声到客船。

注释

○ 枫桥：在今江苏苏州阊（chāng）门外。夜泊：船夜间停泊靠岸。

○ 姑苏：苏州的别称，因城西南有姑苏山而得名。寒山寺：始建于南朝梁代，在今苏州西枫桥镇。传说唐代僧人寒山曾居住于此。

▎关于作者

张继：生卒年不详，字懿孙，襄州（今湖北襄樊）人，唐代诗人，天宝十二年（753）进士。他的诗多登临纪行之作，爽朗激越，比兴幽深，对后世颇有影响。

▎作品赏析

在一个秋天的夜晚，诗人泊船于苏州城外的枫桥，看着落月、啼乌、满天霜和江枫、渔火点映的月夜，满怀旅愁的他写下这首意境深远的小诗，表现了旅途中的孤寂忧愁。

姑苏城外夜行无月，而霜华满天，渔火醒目，夜半耳闻乌啼、钟鸣，营造出一种空灵旷远的意境。诗人淡淡的客愁被点染得隽永朦胧，那里的一桥一水、一寺一城吸引着古往今来的寻梦者。

▎知识延伸

张继因《枫桥夜泊》而声名不朽

科举制盛行的唐朝，参加科举考试成为寒门子弟步入仕途的一条重要途径。十年寒窗苦读，一朝金榜题名，是众学子一生追求的最大梦想。

张继最初进京参加科举时，也满怀信心和憧憬，岂料却名落孙山、榜上无名。张继没有立即回乡，而是来到江南姑苏城。时值晚秋时节，夜泊古刹寒山寺外，触目所及的悲秋之景加上他无从排解的心情，让张继倍增游子旅途中的孤寂忧愁。

他感慨之际，随即写下《枫桥夜泊》一诗："月落乌啼霜满天，江枫渔火对愁眠。姑苏城外寒山寺，夜半钟声到客船。"此诗流传后世，成为千古名篇。

至今，寒山寺的碑廊里还镌刻着张继这首脍炙人口的小诗，张继后来考中进士，而其名传千古却是因为落第时所作的《枫桥夜泊》这首七言绝句。

滁州西涧 ° 　　[唐]韦应物

独怜幽草涧边生，

上有黄鹂深树鸣。

春潮带雨晚来急，

野渡无人舟自横。

注释 ○ 滁（chú）州：在今安徽滁县西。西涧：在滁县城西，俗名上马河。涧，山间流水的沟。

▌关于作者

韦应物（约737—791）：字义博，京兆万年人，唐代诗人。15岁起以三卫郎为唐玄宗近侍，出入宫闱（wéi），跟随唐玄宗出游。安史之乱起，唐玄宗出逃，韦应物流落失职，开始立志读书，后担任滁州和江州刺史、左司郎中、苏州刺史。韦应物是山水田园派诗人，诗风恬淡高远，善于写景和描写隐逸生活。

▌作品赏析

暮春之际，诗人闲行至西涧，他特别喜爱涧边生长的幽草，在树荫深处，黄莺的啼鸣清脆婉转，使四周景物显得更为静谧。幽草与深树清丽娴雅，与诗人舒适恬淡的心境、不肯趋时悦俗的性格相契合，自然赢得诗人的喜爱。傍晚时分，春潮上涨，春雨淅淅沥沥，顿时西涧水势湍急，这使本来就荒凉的渡口愈发人踪难觅，只有空空的小舟随波漂荡。诗人以景写情，借景述意，流露出安贫守节、不媚俗趋时的情怀。

钱塘湖春行° ［唐］白居易

孤山寺北贾亭西，

水面初平云脚低°。

几处早莺争暖树，

谁家新燕啄春泥。

乱花渐欲迷人眼°，

浅草才能没马蹄°。

最爱湖东行不足，

绿杨阴里白沙堤。

注释

○ 钱塘湖：即杭州西湖。

○ 云脚：将要下雨或下雨刚住时，接近地面的云气。

○ 乱花：春天的郊外野花处处开放、色彩缤纷的样子。

○ 没（mò）：盖住，遮盖。

▌关于作者

　　白居易（772—846）：唐代诗人和文学家，字乐天，晚号香山居士，祖籍山西太原，生于新郑（今属河南），官至翰林学士、左赞善大夫。其诗歌题材广泛，形式多样，语言平易通俗，有"诗魔"和"诗王"之称。代表诗作有《长恨歌》《卖炭翁》《琵琶行》等，有《白氏长庆集》传世。

▌作品赏析

　　这是一首描写西湖美景、颇负盛名的记游写景诗，通过对西湖早春明媚

风光的描绘，抒发了诗人对西湖风景的喜爱之情：从孤山寺的水面到贾亭的西面，湖光山色美不胜收，春水初涨，水面与堤岸齐平，空中的白云与湖面的波澜连成一片，构成一幅宁静的水墨西湖图。接着诗人看到莺在歌、燕在舞，传递着春回大地的喜讯，显示出春天的勃勃生机，几处黄莺争着飞向朝阳的绿树，不知谁家新飞来的燕子正衔泥筑巢。五、六句写花草，色彩缤纷的野花快要让游人迷乱双眼，浅浅的春草刚刚能够遮没马蹄，真是莺歌燕舞、鸟语花香，令人陶醉。最后两句抒情：诗人最喜爱西湖东边的美景，总是看不够，尤其是绿杨荫下迷人的白沙堤。

▎知识延伸

西湖白堤的来历

　　白堤在唐代原名"白沙堤"，在宋代又叫"孤山路"，明代堤上广植桃柳，又称"十锦塘"。有人说唐代大诗人白居易在担任杭州刺史期间，主持修筑了这条堤岸。其实这种说法与事实不符。

　　白居易在任期间，的确曾主持修过一条堤岸，但位于旧钱塘门外的石涵桥附近，被称为"白公堤"，目前由于城市地理的变迁，已经无迹可寻。现在西湖白堤并非"白公堤"的简称，而是"白沙堤"的缩略。白居易的《钱塘湖春行》"最爱湖东行不足，绿杨阴里白沙堤"一句中提到的白沙堤在孤山以西，今曲院风荷一带。白堤虽然并非白居易所修，但是它的大名却随着诗人的名气与诗歌而闻名遐迩。

江南春　　　　　　　　　［唐］杜牧

千里莺啼绿映红，

水村山郭酒旗风°。

南朝四百八十寺°，

多少楼台烟雨中。

注释

○ 郭：外城，此处指城镇。

○ 南朝：指东晋之后与北朝对峙的宋、齐、梁、陈政权。四百八十寺：南朝
皇帝和高官都崇信佛教，在都城建康（今南京）大兴佛寺，供养僧尼。此
处说四百八十寺，是虚指，形容寺院很多。

▍关于作者

杜牧：作者介绍见其诗《山行》。

▍作品赏析

诗人仅用一首七言绝句，就将莺歌、红花、绿柳、水乡、酒店、小旗、寺庙、春雨等江南地区的特色景物描摹殆尽。诗人通过动静结合、视觉与听觉交汇、近景与远景呼应、实写与虚写融合等多种写作手法，来描写春季江南的美景：江南处处莺啼声声，绿草红花相映，水边村寨与山麓（lù）城郭处处酒旗飘动；南朝遗留下的古寺，无数的亭台楼阁笼罩在风烟云雨之中。

诗的前两句将江南景色描绘得明朗绮丽，清爽秀美；后两句又把江南表现得悠远深邃，朦胧迷离，使江南景色显得层次叠映，风光旖旎（yǐ nǐ）。

此诗不仅表达了诗人对江南景物的赞美和对江南美景的神往，同时也有对风景依旧、时过境迁、物是人非的感叹。

惠崇春江晚景 °

　　　　　　　　　　　　　　　　　　　　　　　　［宋］苏轼

竹外桃花三两枝，春江水暖鸭先知。

蒌蒿满地芦芽短 °，正是河豚欲上时 °。

注释

○ 惠崇（一为慧崇）：福建建阳僧，宋初九僧之一，能诗善画，是苏轼的朋友。
《春江晚景》是惠崇所作的画名。

○ 蒌蒿（lóu hāo）：草本植物，多生于水边，嫩芽叶可食用。芦芽：芦苇幼芽，
可食用。

○ 河豚：一种肉味鲜美的鱼，但是某些脏器及组织中含有剧毒。每年春天逆
江而上，在淡水中产卵。上：指逆江而上。

关于作者

苏轼：作者介绍见《赠刘景文》一诗。

作品赏析

这是一首题画诗，元丰八年（1085），苏轼为僧人惠崇的画《春江晚景》题诗，在保留了画面形象美的基础上，发挥了诗歌想象的长处。

诗人妙笔生花，根据画意寥寥几笔，就勾勒出一幅生机勃勃的早春二月景象：初春大地复苏，竹林被新叶染成一片嫩绿，竹林外两三枝桃花初绽，向人们报告春的信息。

鸭子最先察觉到江水的回暖，早已按捺（nà）不住，抢着下水嬉戏了。河滩上已是蒌蒿满地，芦笋也开始抽芽，这一切无不显示着春天的惹人怜爱。诗人进而联想到，河豚该逆江而上了，拿来一炖，味道一定鲜美极了。

全诗洋溢着一股清新浓厚的生活气息，将原画描绘的春色展现得令人神往。

知识延伸

中国文学史上的"三苏"

中国文学史上的"三苏"指北宋生长于蜀地眉山的苏洵及其子苏轼、苏辙。宋仁宗嘉祐初年，父子三人都来到东京汴（biàn）梁（今河南开封），由于欧阳修的赏识和推誉，很快以文章著称于世，士大夫争相传诵。

苏氏父子积极参加欧阳修倡导的古文运动，在散文创作上取得很高的成就，后来被列入"唐宋八大家"。三苏之中，苏洵和苏辙主要以散文著称，《三字经》中"苏老泉，二十七，始发奋，读书籍"，其中"苏老泉"即苏洵，自号老泉。

苏轼不但散文成就高，而且在诗、词、书、画等多个领域都取得重大成就。朱德高度评价三苏说："一门三父子，都是大文豪。诗赋传千古，峨眉共比高。"

三衢道中°　　[宋]曾几

梅子黄时日日晴°，

小溪泛尽却山行。

绿阴不减来时路，

添得黄鹂四五声。

注释
○ 三衢（qú）：山名，在今浙江衢州城北。
○ 梅子黄时：指梅子成熟的时节。

▍关于作者

　　曾几（1084—1166）：字吉甫，号茶山居士，赣州（今江西赣州）人，南宋诗人。曾几的诗娴雅清淡、清新活泼，后人将其归入江西诗派。曾几才华横溢，是陆游的老师，杨万里的诗亦受其影响。

▍作品赏析

　　此诗描写初夏宁静的景色和诗人山行时的愉悦心情。到了梅子成熟的季节，每天都是晴朗的好天气，沿着小溪划船前行，到了尽头又改为走山路，路上的绿荫可不比来时路上的少，还增添了几声黄鹂的鸣叫声。

　　此诗写诗人的一次出行，有水路，也有山路，一个"却"字将诗人喜悦的心情表现得淋漓尽致。诗人用精练的文字将一次出行写得妙趣横生，全诗节奏明快自然，富有生活气息。

▌知识延伸

"托物言志"的表现手法

托物言志是古典诗词常用的表现手法。所谓托物言志，是指诗人通过描摹客观事物的某一特征，来表达自己的思想情感或揭示某一哲理。

比如，梅花在严寒中怒放，芳香悠远，多象征不屈不挠的斗争精神与志行高远的节操。陆游咏梅，"零落成泥碾作尘，只有香如故"，表明自己坚守正义、不媚于俗的英雄气节。松柏则是品行高洁、不畏严寒形象的化身；竹子亭亭玉立，古今文人多以竹子比喻人生，晓以修德处世之道；菊花多是不合流俗、高行隐士的象征，陶渊明咏菊，"采菊东篱下，悠然见南山"，就抒发了诗人不慕富贵、悠然闲适的人生态度；"黍离"源自《诗经》"彼黍离离，彼稷之苗"，常用来表达对国家昔盛今衰的伤感之情；红豆用来抒发对亲友、爱人的眷念之情；兰花代表淡泊和高雅的品质，是谦谦君子的标榜，历代文人都以兰花来比喻君子。

▌诗词游戏

填写诗句的下一句。

桃	花	一	簇	开	无	主

小　池　　[宋]杨万里

泉眼无声惜细流°，

树阴照水爱晴柔°。

小荷才露尖尖角，

早有蜻蜓立上头。

注释 ○ 泉眼：泉水的出口处。惜：珍惜，爱惜。细流：细小的流水。
○ 照水：映照在水里。晴柔：晴天柔和而美丽的风光。

关于作者

杨万里：作者介绍见其诗《晓出净慈寺送林子方》。

作品赏析

此诗勾画了一幅生动优美的小池风物图，一个泉眼、一道细流、一池树荫、几支小荷、一只小蜻蜓，大自然中的万物亲密和谐地相处着。

一道细流从泉眼中悄无声息地缓缓流出，池畔的绿树似乎非常喜欢晴天柔和而美丽的风光，在斜阳的映照下将树荫投入水中，明暗斑驳，悄悄展示自己的绰约风姿。时令还未到盛夏，荷花刚刚从水面露出小小的尖尖角，一只小蜻蜓早就立在了它的上头。诗人以清新活泼的笔调，平实通俗的语言，捕捉稍纵即逝的景物，形成情趣盎然的画面，充满浓郁的生活气息。

知识延伸

荷花花语

荷花，又名莲花、水芙蓉等。荷花婀娜多姿，像仙女一样亭亭玉立，香远益清，象征着清白、坚贞、纯洁，被誉为"花中仙子"。

荷花是澳门特别行政区的区花，也是泉城济南与孔孟之乡济宁的市花。济南大明湖、苏州拙政园有许多荷花的优质品种。

北宋周敦颐《爱莲说》赞美荷花"出淤泥而不染，濯（zhuó）清涟而不妖"，因此在人们心目中，荷花是真、善、美的化身。由于"莲"与"怜"谐音，所以古诗中常借莲花来表达爱情，如南朝乐府《西洲曲》："采莲南塘秋，莲花过人头。低头弄莲子，莲子清如水。""莲子"即"怜子"，"清"即"情"，此诗采用谐音双关的修辞，表达了一个女子对所爱男子深长的思念，以及纯洁的爱情。

舟夜书所见 ° 　[清]查慎行

月黑见渔灯，

孤光一点萤 °。

微微风簇浪 °，

散作满河星。

注释
- ○ 书：此处用作动词，是写、记的意思。
- ○ 萤：萤火虫。这里比喻灯光像萤火虫一样微弱。
- ○ 簇（cù）：聚集、簇拥，这里指浪花被风吹起。

关于作者

　　查（zhā）慎行（1650—1727）：清代诗人，海宁袁花（今属浙江）人，当代著名作家金庸的先祖。行初名嗣琏，后改名慎行，字悔余，赐号烟波钓徒。康熙四十二年（1703）进士，官至翰林院编修，入直内廷。雍正四年（1726），因弟查嗣庭讪谤案，以家长失教获罪，被逮入京，次年放归，不久去世。查慎行诗学苏轼、陆游，是继朱彝尊之后东南诗坛的领袖，著有《他山诗钞》。

作品赏析

　　此诗描写诗人船上过夜所见的景色，寥寥20字，体现了诗人对自然景色细致入微的观察力。前两句写静景：在没有月亮的沉沉黑夜中什么也看不见，只有远处一盏小如萤火的渔灯，灯光微弱，让河面显得更加幽静。后两句写动景：阵阵微风吹来，平静的湖面泛起涟漪，映照在水面上的灯光也随波荡漾，像满天的星星在河中闪烁。一个"散"字传神地将灯光在水中的变幻、闪烁生动地展现出来，如临其境。此诗体现了少中有多、小中有大的哲理。

┃ 知识延伸

从查嗣庭科场案看清代文字狱

清代统治者从文人作品中寻章摘句，罗织罪名，构成众多的文字狱，以加强思想文化的控制。据保守估计，清代文字狱有200余起，除了极少数事出有因，绝大多数纯属捕风捉影，其中查嗣庭科场试题案就是一例。

查氏一门兄弟四人，皆为进士出身，长兄查慎行更以诗文著名一时。查嗣庭为康熙四十五年（1706）进士，受到隆科多的赏识，官至内阁学士兼礼部侍郎。雍正四年（1726）秋，查嗣庭受命出任江西乡试正主考，主持科举考试，按照惯例出了试题：其中一题出自《诗经》："百室盈止，妇子宁止"，这本来没有任何问题，而且查嗣庭主持考试小心谨慎，对潜通关节、徇私舞弊的事情，查得非常严格，考试顺利结束，一切正常。可是雍正帝却无中生有，借口有人告发，突然下令查抄查嗣庭在北京的寓所。全家十三口统统抓去。三天后公布查嗣庭的罪状，以"腹诽朝政，谤讪君上"治罪，查嗣庭被戮尸枭示，除株连亲属外，还停止浙江乡试三年。其中罪名之一，就是出自《诗经》的试题"百室盈止，妇子宁止"，雍正帝认为，这是暗示要把"正"和"止"两字联系起来思考，暗合汪景祺《历代年号论》一文所说"正"有"一止之象"，暗喻要杀雍正帝的头，真可谓"欲加之罪，何患无辞"！搞得士大夫噤若寒蝉，不敢过问政治。难怪嘉道年间著名思想家龚自珍慨叹："避席畏闻文字狱，著书只为稻粱谋。"

▍诗词游戏

填动植物名补全古诗。

浅		才	能	没		蹄
	外			三	两	枝
春	江	水	暖		先	知
也	傍		阴	学	种	
春		到	死	丝	方	尽

田园诗是我国古典诗歌的一个流派，以描绘田园风光、田园景物以及安逸恬淡的隐居生活为主要内容。

　　本篇"田园诗"收录了八首诗歌，孟浩然《过故人庄》描写诗人应邀来到田家做客，宾主举杯、共话桑麻的美好画面；王安石《书湖阴先生壁》描绘了诗人自己的那座有花，有树，还有水的茅屋，让我们能感受到诗人超然世外的田园生活情趣；翁卷《乡村四月》勾画了初夏时节江南乡村的绿野、白川、子规、烟雨等迷人的田园风光；陆游《游山西村》描绘了山村的自然风光与淳朴的习俗，构成一幅意境优美、格调恬淡的乡村画卷。范成大的两首《四时田园杂兴》，一首用梅子黄、杏子肥、麦花白、菜花稀、蜓飞蝶舞，写出夏季南方山村景物的特点；另一首描写了山村初夏时节紧张劳动的情景，连"童孙"也学着种瓜，读来意趣横生。雷震《村晚》描写乡村傍晚的美景；辛弃疾《西江月·夜行黄沙道中》从视觉、听觉和嗅觉三个方面渲染夏夜的山村风光，恬静自然。

乡村四月闲人少

田园篇

过故人庄

[唐] 孟浩然

故人具鸡黍°，邀我至田家。

绿树村边合，青山郭外斜。

开轩面场圃°，把酒话桑麻。

待到重阳日，还来就菊花°。

注释

○ 具：准备，置办。鸡黍：鸡和黄米饭。语出《论语·微子》："止子路宿，杀鸡为黍而食之。"此处指真诚的招待。

○ 场圃：打谷场和菜园。

○ 就：靠近，这里指欣赏的意思。

关于作者

孟浩然：作者介绍见其诗《春晓》。

作品赏析

　　这是一首田园诗。首联写诗人应友人之邀来到田家做客，老朋友准备好了黄米饭和鸡肉，既显出田家特有的风味，又不讲虚礼和排场，使朋友的心扉更能敞开。颔联由近及远地描写景物，那里环境清雅幽静，绿树环抱小村，别有天地，城郭外的青山依依相伴，展示了一片开阔的景致。颈联写主人与诗人在屋里饮酒交谈，轩窗一开，窗前的一片打谷场和菜圃映入眼帘，令人心旷神怡，宾主举杯欢饮，谈论着庄稼的长势和秋季的收获，宾主的欢笑和桑麻的话语交织在一起，构成一幅优美宁静的田园风景画。尾联写诗人深深被农家生活所吸引，临走时向主人率真地表示，在秋高气爽的重阳节，他会再来观赏菊花和品尝菊花酒。全诗语言平淡亲切，流露出友人间的真挚情谊和诗人对田园生活的热爱。

▌诗词游戏

补全所缺部分。

微	微	风		
散	作			星

书湖阴先生壁°　　［宋］王安石

茅檐长扫净无苔，

花木成畦手自栽°。

一水护田将绿绕，

两山排闼送青来°。

注释

○ 湖阴先生：本名杨德逢，是王安石晚年居住金陵（今江苏南京）紫金山时的邻居。

○ 畦（qí）：指田园分成的小块。

○ 排闼（tà）：推开门。闼，小门。

▍关于作者

王安石：作者介绍见其诗《梅花》。

▍作品赏析

　　此诗是诗人晚年隐居金陵紫金山时所作。前两句赞美小院的清幽：诗人把自己的茅屋打理得非常洁净，连青苔都没有了，还亲自栽种了许多树和花，因品种繁多而分畦栽种。后两句用拟人的手法写出"一水""两山"富有人情的亲切形象：一条河流将一片碧绿的田地围了起来，两座大山就像是两扇敞开的大门，为人们送来一片天然的碧绿色。诗句用"护田""排闼"描绘出一幅美好的田园生活图景。一座打理得干干净净的茅屋，有花，有树，还有水，眼中印满大自然的绿色，词句之间透着诗人对自然和隐居生活的热爱。

乡村四月 ［宋］翁卷

绿遍山原白满川，

子规声里雨如烟。

乡村四月闲人少，

才了蚕桑又插田。

注释　○ 子规：又称杜鹃、杜宇等，布谷鸟的别称。传说古蜀国国王杜宇称为望帝，后来失国身亡，魂魄化为鸟，悲啼泣血不已。

关于作者

翁卷：生卒年不详，字续古，一字灵舒，浙江乐清人，南宋诗人。一生以布衣终老，以教书为生，落拓江湖，擅长诗歌，与徐照、徐玑、赵师秀形成古典诗歌史上的"永嘉四灵"。

作品赏析

此诗以白描手法，描写江南乡村初夏时节的景象：绿野、白川、子规、烟雨，寥寥几笔勾勒出江南水乡初夏特有的景色。四月的江南，山坡、原野是绿的，绿树、绿草、绿禾苗，展现在人们眼前的是一个绿色的世界。原野上河渠纵横交错，白茫茫的水、绿油油的禾田，全都笼罩在如烟似雾的蒙蒙细雨之中，远远近近的树上不时传来几声布谷鸟的叫声。江南大地的景物，色调是鲜明的，意境是朦胧的，此处静动结合，有色有声。

乡村四月是紧张繁忙的劳动季节，农人采桑养蚕之后又要插秧，家家户户忙碌不停。诗人不正面直说人们太忙，却说闲人很少，为的是在人们的一片繁忙之中仍能保持从容恬静。

知识延伸

子规（杜鹃、杜宇）诗词名句精选

1. 蜀国曾闻子规鸟，宣城又见杜鹃花。——李白《宣城见杜鹃花》
2. 杨花落尽子规啼，闻道龙标过五溪。

　　　　　　　　　　——李白《闻王昌龄左迁龙标遥有此寄》
3. 其间旦暮闻何物，杜鹃啼血猿哀鸣。——白居易《琵琶行》
4. 杜宇冤亡积有时，年年啼血动人悲。——顾况《子规》
5. 庄生晓梦迷蝴蝶，望帝春心托杜鹃。——李商隐《锦瑟》

游山西村

［宋］陆游

莫笑农家腊酒浑°，丰年留客足鸡豚。

山重水复疑无路，柳暗花明又一村。

箫鼓追随春社近°，衣冠简朴古风存。

从今若许闲乘月，拄杖无时夜叩门。

注释

○ 腊酒：腊月里酿造的酒。

○ 箫鼓：吹箫打鼓。春社：指春社日，拜祭土地神和五谷神以祈求丰年，在立春后的第五个戊日。

关于作者

陆游（1125—1210）：字务观，号放翁，越州山阴（今浙江绍兴）人，南宋著名爱国诗人。宋高宗时陆游应礼部试，为秦桧所黜，孝宗时赐进士出身。中年投身军旅生活，官至宝章阁待制，晚年退居家乡。他与范成大、尤袤（mào）、杨万里合称"南宋四大家"。

今存诗九千多首，他是我国古代诗歌保存最多的诗人，有《剑南诗稿》《渭南文集》等。

作品赏析

宋孝宗乾道三年（1167），诗人罢归故里山阴，心中愤愤不平，但当看到淳朴的乡村生活时，却又无比欣慰。此诗是一首记游抒情诗，把山村秀丽的自然风光与淳朴的乡村习俗和谐地统一在一起，构成一幅意境优美、格调恬淡的画面。

首联渲染出丰收之年山村宁静欢悦的气象，民风淳朴，村民热情好客，因此不要笑话农家腊月酿造的酒混浊，在丰收年景里待客菜肴非常丰富，照样有鸡肉猪肉。

　　颔联写山间水畔的景色，蕴含着深刻的哲理，秀美的山野风光令人陶醉。尤其是在层峦叠嶂之中，在水网交叉之畔，忽然现出柳树茂密、繁花似锦的小村庄，令人有"山重水复疑无路，柳暗花明又一村"的欢欣惊喜，这也是诗人虽被罢官，心中却充满无限希望与光明的真实写照。

　　颈联由自然转入人事，描摹南宋初年的农村风俗画卷。人们吹着箫打起鼓，预示春社的日子已经临近，村民衣冠简朴的古老乡土风俗依然保存。春社祭祀土地神，在立春之后的第五个戊日，农家满怀丰收的期待，来祭社祈年。

　　诗人已经"游"了一整天，此时明月高悬，大地笼罩在一片清辉中，山村蒙上静谧的色彩。诗人游兴未尽，但愿从今以后，能经常拄杖乘月，轻叩柴扉，与老农亲切絮语。诗人热爱家乡、与农人亲密无间的形象跃然纸上。

▌知识延伸

农业祭祀

农业祭祀是我国农业习俗的重要组成部分，一般包括祭天、祭先农以及各种与农业有关的神，以求风调雨顺、农业丰收。

社祭是祭祀土地神，立春后农历二月初二就是春社日，在南方称为"社日"，在北方称为"龙抬头节"。社日分为春社和秋社，功能有所分别，即春祈秋报。春社主要是祈求土地神保佑农业丰收，秋社则是以收获报答神明。

在唐代，社日非常盛行，唐诗有大量关于社日的描写，社祭时要击鼓聚众准备酒肉，祭祀完毕饮社酒、吃祭肉，农妇在社日还有停止做针线的"忌针"习俗。唐代帝王在社日赐给臣僚牛羊、酒肉、海味、粳米以及蒸饼等。

宋代土地信仰盛行，各地设置土地神的祠庙。

明清时期社祭在北方衰落，南方仍然盛行，从明代开始江南地区把农历二月初二定为土地神的诞辰日。

▌诗词游戏

填写诗句的上一句。

子	规	声	里	雨	如	烟

四时田园杂兴°（其二十五）　　［宋］范成大

梅子金黄杏子肥°，

麦花雪白菜花稀°。

日长篱落无人过°，

惟有蜻蜓蛱蝶飞°。

注释

○ 杂兴（xìng）：随兴而写的诗。

○ 梅子：梅树的果实，夏季成熟，味酸可食。肥：果肉肥厚。

○ 麦花：荞麦花。菜花：油菜花。

○ 篱落：篱笆。

○ 惟有：只有。蛱（jiá）蝶：指蝴蝶。

▌关于作者

范成大（1126—1193）：字致能，号石湖居士，苏州吴县（今属江苏）人，南宋诗人。绍兴二十四年（1154）进士，历任四川制置使、参知政事等职。曾出使金朝，坚强不屈，差点被杀。晚年退居故乡石湖，死后谥号文穆。他与陆游、杨万里、尤袤齐名，合称"中兴四大家"，又称"南宋四大家"。他的诗题材广泛，其中田园诗成就最高，代表作有组诗《四时田园杂兴》。

▌作品赏析

宋孝宗淳熙十三年（1186），范成大在石湖养病，目睹了该地一年四季的景色和农民的生活，写下春、夏、秋、冬四组田园诗，共计60篇，即《四时田园杂兴》，此诗就是其中的一篇，描写了初夏江南的田园景色。

前两句写梅黄杏肥，麦白菜稀，色彩鲜丽。梅子已经变成金黄色，杏子也已长肥了，春天的田野中金灿灿的菜花已经落去，只剩下稀稀落落的残朵，而一眼望去，雪白的麦花无边无际，此时正值景色优美的农忙时节。后两句从侧面写出农人劳动的情景：初夏农事正忙，农人们早出晚归，白天几乎都在田间忙碌，路上很少见到行人。正午时分，太阳高高挂在天上，篱笆影子随着太阳升高越来越短，四周静悄悄的，只有蜻蜓和蝴蝶在款款飞舞。此诗用梅子黄、杏子肥、麦花白、菜花稀，写出了夏季南方乡村景物的特点，有花有果，有色有形。末句以蜓飞蝶舞来衬托村中的寂静，静中有动，显得更为清幽。

四时田园杂兴（其三十一）　[宋]范成大

昼出耘田夜绩麻°，

村庄儿女各当家°。

童孙未解供耕织°，

也傍桑阴学种瓜°。

注释
○ 耘田：锄地。绩麻：把麻搓成绳，搓麻绳。
○ 各当家：每人独当一面，都负有专责。
○ 童孙：幼童。供：从事参与。
○ 傍：靠近。

关于作者

范成大：作者介绍见其诗《四时田园杂兴（其二十五）》。

作品赏析

此诗描写了乡村初夏时节的生活场景。首句是说，初夏水田里秧苗需要除草，这是男人们干的活儿；搓完麻绳再织成布，是妇女们白天干完活儿以后晚上要做的事。村庄里的男男女女各司其事，各管一行，谁也不得空闲。即使是那些"童孙"，既不会耕也不会织，却因为从小耳濡目染，也在葱郁成荫的桑树底下学着种瓜。诗人以细腻清新的笔调，描写了乡村初夏时节紧张劳动的情景，读来意趣横生。

知识延伸

二十四节气

秦汉时期，我国已经形成二十四节气的概念，它是先民认知一年时令、气候、物候等变化规律而形成的知识体系，具体包括立春、雨水、惊蛰、春

分、清明、谷雨、立夏、小满、芒种、夏至、小暑、大暑、立秋、处暑、白露、秋分、寒露、霜降、立冬、小雪、大雪、冬至、小寒、大寒。"春雨惊春清谷天，夏满芒夏暑相连。秋处露秋寒霜降，冬雪雪冬小大寒"是我们熟悉的《二十四节气歌》。

　　关于节气的诗词很多，比如苏轼《减字木兰花·立春》"春牛春杖，无限春风来海上。便丐春工，染得桃红似肉红"描写了古人立春"打春"的习俗。韦应物《观田家》"微雨众卉新，一雷惊蛰始。田家几日闲，耕种从此起"描写的是惊蛰后农家开始农忙的情景。杜牧《清明》"清明时节雨纷纷，路上行人欲断魂"描写了清明扫墓祭祖的习俗。

　　2016年，在联合国教科文组织保护非物质文化遗产政府间委员会第十一届常会上，我国申报的二十四节气被列入人类非物质文化遗产代表作名录。

村　晚　　[宋]雷震

草满池塘水满陂°，

山衔落日浸寒漪°。

牧童归去横牛背，

短笛无腔信口吹°。

注释

○ 陂（bēi）：池岸。
○ 寒漪（yī）：带着凉意的水纹。漪：水中的波纹。
○ 腔：曲调。信口吹：随意地吹。

▌关于作者

雷震：生卒年不详，宋代诗人。

▌作品赏析

　　此诗描写了乡村傍晚的美景：池塘里长满青草，青山衔着夕阳，牧童横坐在牛背上，用短笛随心所欲吹着曲子。此诗的与众不同之处在于"短笛无腔信口吹"，通常人们只注意笛子的腔调之美，很少注意不成腔调的笛声之美；只注意经心吹奏之美，而很少注意信口吹奏之美。"信口吹"使牧童率性天真的神态跃然纸上，使人耳目一新。

▎诗词常识游戏

写出古诗词中常见借代词代指什么。

借代词	代指	借代词	代指	借代词	代指
桑梓		须眉		伉俪	
桃李		丝竹		庙堂	
社稷		三尺		黄发	
阡陌		婵娟		白丁	

答案见第 116 页

西江月·夜行黄沙道中 °

[宋] 辛弃疾

　　明月别枝惊鹊°，清风半夜鸣蝉。稻花香里说丰年，听取蛙声一片。　　七八个星天外，两三点雨山前。旧时茅店社林边°，路转溪桥忽见°。

注释

○ 西江月：词牌名。夜行黄沙道中：词题名。黄沙即黄沙岭，在今江西上饶西。

○ 别枝：斜出的树枝。惊鹊：月光明亮，鹊儿惊飞不定。

○ 茅店：用茅草盖的乡村旅店。社林：土地庙附近的树林。社：土地庙。古时村有社树，为祀神处，故曰社林。

○ 见（xiàn）：同"现"，出现。

▌关于作者

　　辛弃疾（1140—1207）：字幼安，号稼轩，历城（今山东济南）人，南宋著名爱国词人，人称"词中之龙"。他与苏轼并称"苏辛"，同属豪放派词人，与李清照并称"济南二安"。辛弃疾历任湖北、江西、湖南、福建、浙东安抚使等职，一生力主抗金，屡受打击。42岁开始，闲居江西上饶带湖长达20年之久。有《稼轩词》存世。

　　其词艺术风格多样，以沉雄豪放为主，又不乏细腻柔媚之处。辛弃疾善于化用前人典故入词，抒发力图恢复国家统一的爱国热情和战斗精神，倾诉壮志难酬的悲愤，对统治者屈辱求和颇多谴责。

▌作品赏析

　　辛弃疾力主抗金恢复失地，遭到投降派的打击，宋孝宗淳熙八年（1181）被弹劾罢官，回到上饶带湖闲居。这首词写的是词人闲居时，夜行黄沙道的一

段乡村体验。

　　一个晴朗醉人的夏夜，词人独行，明亮的月光惊醒了树枝上的鹊儿，鹊儿惊飞，凉风徐徐吹拂，半夜里知了的鸣叫让人感到格外清幽；扑面而来的是漫村遍野的稻花香，让人联想到即将到来的丰年景象，一股甜蜜之感涌上词人的心头，一群青蛙在稻田中齐声喧叫，好像在争着谈论丰年。词人抬头一看，云层密布，只有稀疏的七八个星星从云缝中透出来，转眼间洒下几点雨来，看来大雨即将来临，词人的雅兴被打破了，不得不加快步伐，从小桥过溪想要躲避夜雨。猛然抬头，令人欣慰的是，他所熟悉的茅店就出现在土地庙的树林边。

　　这首词以乡村生活为题材，从视觉、听觉和嗅觉三方面渲染夏夜的山村风光，情景交融，诗情画意，恬静自然。

▎诗词常识游戏

　　写出古诗词中常见借代词语代指什么。

借代词	代指	借代词	代指	借代词	代指
南冠		鸿雁		布衣	
巾帼		汗青		桑麻	
同窗		垂髫		华盖	

答案见第 125 页

山水诗是古典诗歌的一个流派，以描绘山水景物为主要内容，寄托了向往自然、追求超然独立的精神，帮人们养成了一种崇尚自然的审美趣味。

　　本篇收入 14 首诗词，其中曹操《观沧海》大气磅礴，吞吐日月；王湾《次北固山下》带领我们欣赏北固山下青山绿水、潮平岸阔的壮丽之景；李白笔下的庐山瀑布、天门山、敬亭山，让我们体会诗仙那种"万里一泻，末势犹壮"的艺术风格；孟浩然《宿建德江》"野旷天低树"的辽远给人心灵带来宁静；杜甫《望岳》写出了泰山的雄伟磅礴与神奇秀丽；白居易《忆江南》勾勒出鲜艳夺目的江南春景，《暮江吟》写出月夜江景之美；刘禹锡《浪淘沙》描绘出黄河的雄伟气势，《望洞庭》写尽洞庭湖面的波光和秋天月光相互衬托的壮丽；苏轼《六月二十七日望湖楼醉书》写出了狂风骤雨中西湖"水如天"的雄浑，《饮湖上初晴后雨》则写出了西湖景色无论是雨态还是晴姿，皆如美女西施般美好奇妙。

水光潋滟晴方好

山水篇

观沧海　　　　　　　　［东汉］曹操

东临碣石°，以观沧海。

水何澹澹°，山岛竦峙°。

树木丛生，百草丰茂。

秋风萧瑟°，洪波涌起。

日月之行，若出其中；

星汉灿烂，若出其里。

幸甚至哉，歌以咏志。

注释
○ 临：登上，有游览的意思。碣（jié）石：山名，在今河北昌黎西北。东汉建安十二年（207）秋天，曹操北征乌桓时曾经过此地。
○ 澹（dàn）澹：形容水波动荡的样子。
○ 竦峙（sǒng zhì）：高高耸立。
○ 萧瑟（sè）：形容风吹草木的声音。

▎关于作者

　　曹操（155—220）：字孟德，沛国谯（qiáo）县（今安徽亳州）人，东汉末年杰出的政治家、军事家、文学家，三国曹魏的缔造者。其子曹丕称帝后，追尊其为武皇帝，庙号太祖。曹操戎马一生，精通兵法，雅好诗歌，他的诗继承《诗经》和汉乐府的现实主义传统，以慷慨悲壮见称，多抒发自己的政治抱负，气魄雄伟，慷慨悲凉，开创了建安文学，被鲁迅誉为"改造文章的祖师"。曹操主要诗作有《短歌行》《观沧海》《龟虽寿》等。

作品赏析

　　这是一首写景抒情诗。建安十二年（207），袁绍之子逃到乌桓，为彻底扫除袁绍的残余势力，曹操率兵北征乌桓，行军途经碣石山，登山望海，触景生情，写下此诗。

　　碣石山突入大海，高高耸立，诗人居高临海，大海的壮阔景象尽收眼底：大海浩瀚，山岛耸立，草木茂盛，秋风萧瑟中卷起滔天巨浪，茫茫大海与天相接，空蒙浑融，在辽阔的大海面前，日月星河都显得渺小，其运行似乎都由大海自由吐纳。大海磅礴的气势正是诗人开阔胸怀的反映，表现了诗人叱咤风云、睥睨（pì nì）一世的英雄气概，抒发了诗人欲统一天下、建功立业的伟大抱负，显示出诗人超人的智慧和非凡的学识。

▍知识延伸

"望梅止渴"与"画饼充饥"

曹操足智多谋，善于用兵，"望梅止渴"这个成语就来源于曹操。相传曹操率军攻打张绣时，正值酷暑，将士们又热又渴又累，疲惫不堪，但方圆数十里找不到一滴水，有些士兵因中暑而倒下。为了鼓舞士气，曹操灵机一动，站在山冈上，指着前方说："快看！前面有一片梅林，梅子又酸又甜，到那里就可以吃梅子解渴了！"将士们听到曹操的话，好像真的吃到了梅子，顿时生出不少口水，立刻振作起来，走出了困境。

"画饼充饥"这一成语出于曹操的孙子曹叡（ruì）。曹叡是三国时期魏国的第二代君王，他最亲信的大臣叫卢毓（yù）。有一次，曹叡想找人当中书郎，便请卢毓推荐，并且告诉他说："选举莫取有名，名如画地作饼，不可啖（dàn）也！"意思是选拔人才不要单凭他的声名，声名好比画在地上的饼，是没法吃的！也就是千万别推荐徒有虚名的人。

后来，人们用"望梅止渴"与"画饼充饥"来比喻从不切实际的空想中得到安慰。

▍诗词游戏

填写诗句的下一句。

欲	把	西	湖	比	西	子

第108页参考答案：

桑梓：家乡　须眉：男子　伉俪：夫妻　桃李：学生
丝竹：音乐　庙堂：朝廷　社稷：国家　三尺：法律
黄发：老人　阡陌：田野　婵娟：月亮　白丁：百姓

次北固山下 °　　　［唐］王湾

客路青山外，

行舟绿水前。

潮平两岸阔 °，

风正一帆悬。

海日生残夜，

江春入旧年。

乡书何处达？

归雁洛阳边 °。

注释

○ 次：旅途中暂时停宿，这里是停泊的意思。北固山：在今江苏镇江北，三面临长江。

○ 潮平：潮水上涨，江面与岸边齐平。

○ 归雁：北归的大雁。古代有鸿雁传书的传说。

▎关于作者

王湾：生卒年不详。洛阳人，唐代诗人。唐玄宗先天年间进士，曾参加朝廷修书，完成后任洛阳尉。王湾的作品流传不多，《次北固山下》是最著名的代表作。

▎作品赏析

冬末春初时，诗人由楚入吴，沿江东行，旅途中停留在今镇江北固山下，次日破晓时分，诗人乘船顺风继续在青山绿水中前行。潮平岸阔，残夜归雁，

触发了诗人心中的情思，吟成这一千古名篇。诗人人在江南、神驰故里的漂泊羁旅之情，流露于字里行间。潮水涨满，江面与两岸相平，显得十分开阔，顺风行船恰好把风帆高悬，表现出平野开阔、大江奔流的壮丽景观。残夜未消之时，一轮红日已从江面升起；旧年尚未逝去，江上已呈现春的气息。诗人身处异乡，看着时序的变迁，思乡之情油然而生。此时，忽然一群大雁从天空飞过，不禁让诗人想起"鸿雁传书"的故事，那就请大雁将乡书捎回洛阳吧。

此诗既描写了青山绿水、潮平岸阔的壮丽之景，又抒发了诗人深沉的思乡之情。全诗情景交融，用笔自然，写景鲜明，情感真切，极富韵致，被广为传诵。

▌知识延伸

鸿雁传书

"鸿雁传书"的典故与西汉苏武有关。天汉元年（前100），汉武帝派苏武出使匈奴，不料在准备返回时，匈奴上层发生内乱，苏武受牵连而被扣留。最初，单于以高官厚俸相诱，希望苏武臣服，却被严词拒绝。单于见劝说无效，就把苏武关入露天地窖，断绝食品和饮水，以使苏武改变信念。苏武忍饥受冻，顽强地活下来。单于敬重苏武的气节，又不想让他回国，于是就把苏武流放到北海（今贝加尔湖一带）牧羊。苏武在北海牧羊19年之久。

后来，汉朝使者来到匈奴，要求单于放了苏武，并扬言说，汉朝天子在上林苑射中一只大雁，雁脚上系着帛书，帛书写着苏武在北方的沼泽之中。单于只好把苏武等九人送还，这就是"鸿雁传书"的故事。

▌诗词游戏

填写诗句所缺的部分。

东	临			，	以	观		
水	何			，	山	岛		

望庐山瀑布　　［唐］李白

日照香炉生紫烟°，

遥看瀑布挂前川°。

飞流直下三千尺°，

疑是银河落九天°。

注释

○ 香炉：指庐山香炉峰。紫烟：指日光透过云雾，远望如紫色的烟云。

○ 挂：悬挂。川：河流，这里指瀑布。

○ 三千尺：形容山高，夸张说法，而不是实指。

○ 疑：怀疑。九天：古人认为天有九重，九天即九重天，天空的最高处，此处极言瀑布落差之大。

▌关于作者

李白：作者介绍见其诗《古朗月行》。

▌作品赏析

此诗从庐山香炉峰入手描写庐山瀑布之美。一座顶天立地的香炉峰缥缈于青山蓝天之间，在太阳照射下笼罩着一片紫色的云霞。诗人笔下的香炉峰既有浪漫色彩的朦胧美，又有奇伟的雄壮美。诗人遥望远处，瀑布像是一条巨大的白练高挂于山川之间。后两句写瀑布的动态美，一个"飞"字，把瀑布喷涌而出、高空直落而势不可当之状描绘得极为生动。瀑布临空而落，让人自然联想到像是银河从天而降。

▌知识延伸

庐山瀑布景观的消失

近年来，由于庐山和鄱（pó）阳湖地区独特的地质结构，加上持续干旱，飞流直下三千尺的庐山瀑布，已经气若游丝，奄奄一息。经过探访发现，洞庭湖边的岳阳楼、庐山瀑布等景观都难以再现古诗词中的风采。每年四月份，庐山处于雨季，降水充沛，庐山瀑布水流汹涌，山涧水声轰鸣。但到五月下旬，庐山瀑布变得水细声小，缺水的瀑布少了山涧鸣泉的独特魅力。而庐山风景区的八座水库，到五月底绝大部分都处于死水位。

▌诗词游戏

填写诗句的下一句。

海	日	生	残	夜

望天门山 °　　　［唐］李白

天门中断楚江开 °，

碧水东流至此回 °。

两岸青山相对出，

孤帆一片日边来。

注释
○ 天门山：在今安徽省境内，因东梁山和西梁山相互对峙，仿若天门中开，得名天门山。
○ 楚江：即长江，因长江中游曾是楚国辖地。
○ 回：回旋，因地势改变，江水流向改变。

关于作者

李白：作者介绍见其诗《古朗月行》。

作品赏析

　　开元十三年（725），李白赴江东途中行至天门山而作此诗，描写诗人舟行长江中，顺流而下远望天门山的情景：天门山夹江对峙，楚江就像是天门山被劈开一样，一江碧水向东奔流，到了天门山这个地方因地势起伏而改变了流向。江的两面是东梁山和西梁山两座对峙的青山，遥远的江面上一叶孤舟像从日边驶来。

　　此诗从多个视角来写长江和天门山的风光，最后一句用"两岸青山"和"孤帆一片"相对照叙述，给人身临其境之感。天门山夹着长江，形成一幅雄伟壮观的碧水青山图，描绘出诗人目睹名山盛景时欣喜、震撼的情感。

知识延伸

李白之死

关于李白之死，历来众说纷纭，一说醉死，二说溺死，三说病死。

第一说见《旧唐书》，说李白"以饮酒过度，醉死于宣城"，较为可信。关于溺死则多见于民间传说，与诗人性格非常吻合，传说李白在当涂的江上饮酒，因酒醉跳入水中捉月而溺死。

总而言之，李白只是一位纯粹的诗人，而不是翻云覆雨的政治家，因为诗人狂放不羁的秉性根本不适合尔虞我诈的官场，正如好友杜甫所言，纵使赢得"千秋万岁名"，那也不过是"寂寞身后事"！

诗词游戏

填写诗句的上一句。

遥	看	瀑	布	挂	前	川

早发白帝城 ° 　　［唐］李白

朝辞白帝彩云间，

千里江陵一日还 °。

两岸猿声啼不住，

轻舟已过万重山 °。

注释

○ 白帝城：古地名，在今重庆奉节东白帝山中。

○ 江陵：古地名，在今湖北荆州。

○ 万重山：层层叠叠的山，形容山多。

▎关于作者

李白：作者介绍见其诗《古朗月行》。

▎作品赏析

唐肃宗乾元二年（759），诗人被流放夜郎，行至白帝城遇赦，乘舟返回江陵时而作此诗。通过此诗读者可以了解唐代长江中上游地区的自然环

境——长江中游既有彩云，又有猿声不断，同时也能窥见唐朝长江中上游水路发达与交通便捷。

早上从白帝城出发，到千里之外的江陵，其间总能听见两岸山间的猿啼声，船的速度飞快，不一会儿划过重重的山峦。此诗后两句富有韵味，船的移动与山的静止是相对的，把注意力放在两岸不绝于耳的猿啼声上，不知不觉中，小船已划过万山千峦。

▌知识延伸

李白诗词名句集锦

1. 长风破浪会有时，直挂云帆济沧海。——《行路难》
2. 抽刀断水水更流，举杯销愁愁更愁。

——《宣州谢朓楼饯别校书叔云》

3. 天生我材必有用，千金散尽还复来。——《将进酒》
4. 君不见黄河之水天上来，奔流到海不复回。君不见，高堂明镜悲白发，朝如青丝暮成雪。

——《将进酒》

5. 人生得意须尽欢，莫使金樽空对月。——《将进酒》
6. 仰天大笑出门去，我辈岂是蓬蒿人。——《南陵别儿童入京》

▌诗词游戏

填写诗句的上一句。

孤	帆	一	片	日	边	来

第 111 页参考答案：

南冠：囚犯　鸿雁：书信　布衣：百姓　巾帼：妇女
汗青：史册　桑麻：农事　同窗：同学　垂髫：儿童　华盖：运气

独坐敬亭山   ［唐］李白

众鸟高飞尽，

孤云独去闲。

相看两不厌，

只有敬亭山。

注释 ○ 相看二句：辛弃疾《贺新郎》"我见青山多妩媚，料青山见我应如是"，即从李白《独坐敬亭山》"相看两不厌，只有敬亭山"化出。敬亭山：一名昭亭山，在今安徽省宣城市北。《元和郡县志》："敬亭山，在州北十二里，即谢朓赋诗之所。"

关于作者

李白：作者介绍见其诗《古朗月行》。

作品赏析

　　鸟儿都飞走了，云儿悠闲地飘得无影无踪了。山看诗人、诗人看山互不厌倦，这山名叫"敬亭山"，表现出诗人对敬亭山的依恋之情。诗人先以自然界的鸟儿、云儿进行反衬：鸟儿飞去了，孤云飘走了，周围显得那么孤寂，只有诗人与敬亭山两看不相厌。这是物的人化，敬亭山有了人的意态与感情，与诗人心心相通；同时也是人的物化，诗人也化为自然界的一座山，与敬亭山为伍。诗人想象力丰富，大地上的山和诗人合为一体，抒发出诗人回归大自然、摆脱人世喧嚣的感情。

▌文化常识游戏

填写文化常识。

《诗经》"六义"		四书	
岁寒三友		五经	
花中四君子		五行	

答案见第 151 页

宿建德江 ° ［唐］孟浩然

移舟泊烟渚 °，

日暮客愁新。

野旷天低树，

江清月近人。

注释
○ 建德江：新安江流经建德（今属浙江）西部的一段江水。
○ 烟渚：指江中暮色笼罩的小沙洲。渚：水中小块陆地。

▍关于作者

孟浩然：作者介绍见其诗《春晓》。

▍作品赏析

此诗清丽绝俗，被世人誉为"神品"，诗虽描写旅途客愁，但如画的景色里"愁"若有若无，非常含蓄。"烟"意味着夜幕临近，"暮"则使江面烟气氤氲。面对日暮烟渚，生出难言的新愁，但诗人并未明言为何而愁，而是极目四望：远处苍茫旷野的尽头，天空变得比树木还低，这无尽的苍茫容易让人产生孤独、渺小、寂寞的无助之感。幸有明月升起，月影映在清江水上，一派亲近柔和的景象令诗人悄然感到一丝快慰。

▍知识延伸

古人年龄的别称

婴儿出生满一月称"满月"，也称"弥月"或"诞月"，人初生不满周岁称褓褓（qiǎng bǎo），二至三岁的儿童称"孩提"，女孩七岁称"髫（tiáo）年"，男孩七岁称"韶年"。十岁以下的儿童称"黄口"。女孩13岁

称"豆蔻年华"。女孩15岁称"及笄（jī）"，笄是女子束发用的簪（zān）子，意味着女子可以许嫁；女孩16岁称"碧玉""破瓜"，瓜字可以拆成两个八字，二八之年即16岁。男子20岁称"弱冠"，算作成人，要举行加冠礼。30岁称"而立"，40岁称"不惑"，50岁称"知天命"，60岁称"花甲"或"耳顺"，70岁称"古稀"，源自杜甫《曲江》"人生七十古来稀"之意。八九十岁称"耋耄"，100岁称"期颐""龟年"，140岁称"古稀双庆"。人死时的年龄称为"终年""卒年""落年"。另外，称儿童为"总角"或"垂髫"，称青少年为"束发"，女子待嫁称"待年"或"待字"，称老年人为"皓首"或"白首"，称长寿老人为"黄发"，等等。

望 岳 [唐]杜甫

岱宗夫如何°？

齐鲁青未了。

造化钟神秀，

阴阳割昏晓°。

荡胸生曾云°，

决眦入归鸟°。

会当凌绝顶°，

一览众山小。

注释
○ 岱宗：即泰山，因居五岳之首，故名岱宗。
○ 阴阳：山北水南为阴，山南水北为阳。
○ 荡胸生曾云：层云生起，使心胸震荡。曾，同"层"。
○ 决眦（zì）：极目远望。决，裂开。眦，眼眶。
○ 会当：终要。凌：登上。

关于作者

杜甫：作者介绍见其诗《江畔独步寻花》。

作品赏析

《望岳》是唐代诗人杜甫青年时期的作品，通过描写泰山雄伟磅礴的景象，赞美了泰山的高大巍峨与神奇秀丽，流露出对祖国山河的热爱之情，表达了诗人敢攀顶峰、俯视一切的雄心和气概。全诗以"望"字统摄，由远望到近望，再到凝望，最后是俯望。

　　首联写出诗人乍见泰山时的惊叹仰慕之情。泰山到底怎么样呢？那青翠连绵的山峦横亘在齐鲁大地上，望不到尽头。颔联写近望，泰山神奇秀丽，高峻奇险，仿佛大自然的神奇秀丽都集中在那里。一个"割"字，写出泰山力量的伟大，泰山以其高峻将山南山北的阳光割断，形成不同的景观，突出泰山遮天蔽日的形象。颈联写细望泰山，风景可谓雄奇壮观。山中层云叠起横生，弥漫飘浮，睁大眼睛才能看到飞翔的鸟儿归隐山中。尾联由"望"而生"想"："我"一定要登上泰山的最高峰，来俯瞰那众山，而众山一定会显得非常渺小。诗人傲视一切的雄心壮志、蓬勃向上的朝气跃然纸上。

忆江南°

[唐]白居易

江南好，风景旧曾谙°。日出
江花红胜火，春来江水绿如蓝°。
能不忆江南？

注释

○ 忆江南：词牌名，分单调、双调两体，单调27字，双调54字，皆平韵。
忆：怀念。

○ 谙（ān）：熟悉。

○ 蓝：一种植物，即蓝草，叶蓝绿色，可以用来制作染料。

关于作者

白居易：作者介绍见其诗《钱塘湖春行》。

作品赏析

　　江南好，好在何处？诗人青年时期曾漫游江南，又曾担任杭州、苏州刺史，江南在他心中留下了深刻的印象，因此江南风景之"好"，并非得之传闻，而是诗人的亲身体验与感受。

　　诗人并未从人们惯用的"草长莺飞"来描写江南，而是选择江花、日出与春水，生动地描绘出江南春意盎然的优美景象。诗人别出心裁地以"江"为中心下笔，又通过"红胜火"与"绿如蓝"两种颜色互相映衬，使诗意明丽如画，展现了鲜艳夺目的江南春景。篇末以"能不忆江南"收束全词，既写出诗人对江南春色的无限赞叹与怀念，又把读者带入一种悠远深长的境界之中。

暮江吟°　　［唐］白居易

一道残阳铺水中，

半江瑟瑟半江红°。

可怜九月初三夜°，

露似真珠月似弓°。

注释

○ 暮江吟：黄昏时分在江边所作的诗。吟，古代一种诗歌体裁。

○ 瑟瑟：原意为碧色珍宝，此处指碧绿色，傍晚没有受到残阳照射的江水，
呈现出青绿色。

○ 可怜：可爱。九月初三：指农历九月初三。

○ 真珠：即珍珠。

▎关于作者

白居易：作者介绍见其诗《钱塘湖春行》。

▎作品赏析

此诗描绘了两幅优美的自然画面：一幅是夕阳西坠、晚霞满江的绚丽景象，一幅是弯月初升、露珠晶莹的朦胧夜色。前两句写夕阳晚照中的江水，此时"残阳"已接近地平线，贴着地面照射过来像是铺在江上；因为天气晴朗无风，江水缓缓流动，受光的部分呈现出一片红色；受不到光的地方呈现出深碧色。后两句写诗人对美景流连忘返，直到初月升起，夜露下降，眼前呈现出一片更为美好的境界：诗人俯身一看，江边的草地上挂满了晶莹的露珠；诗人再抬头一看，一弯新月初升，像是碧蓝的天幕上挂了一张弯弓。诗人从黄昏一直玩赏到月上露下，体现出诗人对大自然的热爱之情。

浪淘沙°（其一）　［唐］刘禹锡

九曲黄河万里沙°，

浪淘风簸自天涯°。

如今直上银河去，

同到牵牛织女家。

注释

○ 浪淘沙：唐朝教坊曲名，创自刘禹锡、白居易，形式为七言绝句，后用为词牌名。

○ 九曲：相传黄河有九道弯，此处形容黄河弯曲的地方很多。

○ 浪淘：波浪淘洗。簸（bǒ）：掀翻。

▍关于作者

　　刘禹锡（772—842）：字梦得，洛阳（今河南洛阳）人，唐代文学家、哲学家。刘禹锡秉性耿直，因参加王叔文领导的政治改革失败，而被贬朗州等地。他长于诗文，有中唐"诗豪"之称，晚年和白居易为诗友，并称"刘白"。

作品赏析

此诗描写了黄河的雄伟气势。前两句采用白描、夸张的手法，描写弯弯曲曲的黄河挟带着泥沙，波涛滚滚来自天边，好一幅奔腾千里的壮丽图景！

后两句诗人驰骋（chěng）想象力，表示要迎着万里黄河，逆流而上，直到银河边上的牛郎织女家，表现了诗人的豪迈气概和奋发向上的情怀。此诗引用神话传说，想象奇特大胆，给人留下无尽的遐想。

知识延伸

牛郎织女的美丽传说

《牛郎织女》与《白蛇传》《孟姜女哭长城》《梁山伯与祝英台》一起，成为汉族四大民间爱情传说，与此相关的节日是七夕节。

农历七月初七之夜称"七夕"，是牛郎织女鹊桥相会的日子，民间有乞巧习俗，故称七夕为"乞巧节"。

据说牛郎是南阳牛家庄的一个孤儿，与一头老牛自耕自食。有一天，七仙女下凡在河里洗澡，牛郎取走织女的衣服，织女便做了牛郎的妻子，他们的婚后生活十分美满幸福。不料王母娘娘得知此事，要押着织女回天庭。老牛不忍牛郎妻离子散，嘱咐牛郎将它的皮剥下披在身上，用箩筐挑着一对儿女腾云追赶。眼看牛郎就要追上织女了，不料王母娘娘拔下金钗，划出一条波涛滚滚的银河。牛郎无法过河，只能在河边与织女遥望。这时无数只喜鹊飞来，搭成一道跨越银河的鹊桥，让牛郎织女在鹊桥上相会。

此后每年七月初七，牛郎织女就在鹊桥相会一次。

诗词游戏

填写诗句的下一句。

日	出	江	花	红	胜	火

望洞庭°

［唐］刘禹锡

湖光秋月两相和，

潭面无风镜未磨°。

遥望洞庭山水翠，

白银盘里一青螺°。

注释

○ 洞庭：即洞庭湖，在湖南北部，是著名的风景名胜区。

○ 镜未磨：古代镜子大多为铜镜，尚未打磨的镜子在使用时总是模糊不清。

○ 青螺：形容洞庭湖中的君山。

关于作者

刘禹锡：作者介绍见其诗《浪淘沙》。

作品赏析

　　此诗是一首写景诗，描写秋夜月光下洞庭湖的优美景色。湖面的波光和秋天的月光相互衬托，湖面无风看起来就像尚未磨成的铜镜。远远望去，洞庭湖的山水苍翠，君山好似白银盘中托举着的一颗青色螺蛳。

　　诗的首句用一个"和"字，将天地的和谐传神地表达出来，第二句用"镜未磨"的比喻将湖面的平静表现出来，全诗勾画出一幅宁静、和谐、天水一色的画面，读者从中可以看到一个用心去感受自然、与自然和谐交融的诗人形象。

▌诗词游戏

填写诗句的下一句。

九	曲	黄	河	万	里	沙

六月二十七日望湖楼醉书° ［宋］苏轼

黑云翻墨未遮山°，

白雨跳珠乱入船。

卷地风来忽吹散，

望湖楼下水如天。

注释
○ 望湖楼：楼名，在杭州西湖边。
○ 黑云翻墨：形容黑云像墨汁泼下来一样。

▌关于作者

苏轼：作者介绍见其诗《惠崇春江晚景》。

▌作品赏析

熙宁五年（1072），诗人在杭州任通判，六月二十七日他游览西湖，在船上看到西湖奇妙的湖光山色，后到望湖楼上饮酒而作此诗。江南的夏季气候多变，时而风雨大作，时而晴空白云，诗人用精练的文字，将这种气候特征写得淋漓尽致。

首句写乌云突至，像打翻了的墨水还未来得及把山遮住。次句用"跳"和"乱"两字写暴雨袭来时的状况。第三句用一个"忽"字表现出江南地区瞬息万变的气候，乌云过后，望湖楼下已是一片汪洋。大自然总是在不经意中塑造着特定地区人群的性格，暴雨过境，来势凶猛；暴雨过后，雨过天晴。天气的变化怎能不让生活在其中的人们，联想到自己的人生经历呢？

知识延伸

词的分类——婉约派与豪放派

按照创作风格划分，词大致可以分为婉约派和豪放派，宋词的代表人物苏轼、辛弃疾属于豪放派，柳永、李清照属于婉约派。

苏轼填词追求壮美的风格与广阔宏大的意境，抒发词人真实的自我性情和独特的人生感受，充满积极进取的精神，富有激情和生命力，改变了词作原有的柔情软调，开创了豪放派的先河。

柳永的词主要描写离愁别恨、男欢女爱以及繁华富庶的都市生活，丰富多彩的市井风情，浪迹江湖的羁旅愁苦，格调缠绵悱恻（fěi cè），语言通俗而不失雅趣，世称"屯田蹊径"或"柳氏家法"。

苏轼曾问自己的词与柳永词的区别，人们说："柳郎中词，只合十七八女孩按红牙拍，唱'杨柳岸晓风残月'。学士词，须关西大汉，执铁绰板，唱'大江东去'。"这段议论，表明了豪放派与婉约派两派词风的不同。

饮湖上初晴后雨　　〔宋〕苏轼

水光潋滟晴方好°，

山色空蒙雨亦奇°。

欲把西湖比西子°，

淡妆浓抹总相宜。

注释

○ 潋滟（liàn yàn）：波光闪动的样子。方好：正好。方，刚刚，副词。

○ 空蒙：雨中的天空雾气迷茫。亦：也。奇：奇妙。

○ 欲：想要。西子：即西施，春秋越国著名的美女，姓施，家住浣纱溪村（今浙江诸暨）西，因此称为西施。

▎关于作者

苏轼：作者介绍见其诗《惠崇春光晚景》。

▎作品赏析

此诗作于诗人任杭州通判期间。首句描写西湖晴天的景色：在灿烂的阳光照耀下，西湖水波荡漾，波光粼粼，十分美丽。次句描写雨天的山色：在烟雨笼罩下，西湖周围的群山迷迷茫茫，若有若无，一片空蒙。这一天诗人在西湖游宴，起初阳光明丽，后来细雨蒙蒙。在诗人眼里，无论是雨态还是晴姿，西湖的景色都是最为美好奇妙的。诗人把西湖比作西施，因为西湖同样具有婀娜多姿的阴柔之美，而且是天然的不用借助人为的修饰。

▎知识延伸

中国古代四大美女——西施

中国古代四大美女是春秋时期越国的西施、西汉的王昭君、东汉末年的貂蝉、唐代的杨玉环，享有"沉鱼落雁之容，闭月羞花之貌"的美誉。西施是浣纱女，常在苎（zhù）罗山下浣纱，清澈的河水映照着她俊俏的身影，水中的鱼儿觉得西施太美了，都沉到水底不敢出来。越国被吴国打败后，越王勾践把西施献给吴王夫差，夫差沉湎女色，终于亡国丧身。

▎诗词游戏

填写诗句的上一句。

白	雨	跳	珠	乱	入	船

中华民族的传统节日丰富多彩，记录着社会生活的方方面面。本篇"节日诗"收录七首诗词，以所记录节日的先后顺序进行排列。其中，王安石《元日》，描写了新年正月初一"元日"热闹欢乐与万象更新的景象，记录了古人在新年第一天放爆竹、喝屠苏酒、挂桃符的习俗；古代在清明节前两天为寒食节，禁火冷食，韩翃《寒食》一诗写出暮春时节长安城的迷人风光，以及权贵宠臣得到皇帝赐给蜡烛的情形。清明是人们回乡祭祖扫墓的节日，杜牧《清明》，描写诗人因思念亡故亲人而愁苦；中秋节围绕祭月、赏月与拜月展开，王建《十五夜望月》、苏轼《水调歌头》皆为中秋望月的怀人之作，苏轼"但愿人长久，千里共婵娟"的名句千古绝唱。王维《九月九日忆山东兄弟》，是重阳节思念家乡亲人的诗作，当时诗人远在长安，"每逢佳节倍思亲"道出了游子的思乡之情。

爆竹声中一岁除

节日篇

元　日　　　［宋］王安石

爆竹声中一岁除，
春风送暖入屠苏°。
千门万户曈曈日°，
总把新桃换旧符°。

注释

○ 屠苏：屠苏酒。古时候风俗，每年除夕家家用屠苏草泡酒，吊在井里，春节取出来，全家老小朝东喝屠苏酒。
○ 曈（tóng）曈：日出很明亮的样子。
○ 桃：桃符，用桃木做成，古时候每逢新年，家家户户都用两块桃木板画上两个神像，挂在大门上避邪。

关于作者

王安石：作者介绍见其诗《梅花》。

作品赏析

农历正月初一为元日，即春节，此诗描写了新年元日热闹欢乐和万象更新的景象。人们在阵阵鞭炮声中送走旧岁，迎来新年，迎着和煦的春风，人们开怀畅饮屠苏酒。旭日光辉灿烂，普照千家万户，人们总是在这一天取下旧桃符，换上新桃符。全诗文笔轻快，色调明朗，通过对新年新气象的描写，抒发了诗人除旧布新、强国富民的抱负和乐观自信的心态。

知识延伸

中国人的春节饮酒习俗

王安石《元日》一诗，描写了元日放爆竹、喝屠苏酒、挂桃符的习俗。我国古代春节，早有喝椒柏酒与屠苏酒的习俗。椒柏酒在东汉已经出现，椒是花椒，柏是柏叶，即用花椒、柏叶浸酒饮用。

古人认为椒是玉衡星之精，气味芳香，服之令人身轻耐老；西汉皇后所居正殿称为"椒房殿"，即以椒粉和泥涂墙壁，取温暖、芳香、多子之义，后世"椒房"多用为后妃的代称，可见花椒在古人心目中是一种宝物。而古人视柏叶为仙药，可以免除百病，因此饮椒柏酒可长寿去病。

屠苏是一种草名，也有人说，屠苏是古代酿酒的房屋，传说屠苏酒为汉末名医华佗创制而成，由大黄、白术、桂枝、防风、花椒等中药入酒中浸制而成，后由唐代名医孙思邈流传开来。经历代相传，饮屠苏酒成为过年的风俗。

寒 食　　　　[唐]韩翃

春城无处不飞花，

寒食东风御柳斜。

日暮汉宫传蜡烛，

轻烟散入五侯家。

注释

○ 寒食：即寒食节，通常在冬至后的第105天，过去，节日期间不能生火做饭，只能吃冷食。御柳：皇城中的柳树。

○ 汉宫：此处以汉代皇宫指代唐代皇宫。

○ 五侯：泛指朝廷中的权贵豪门。

▍关于作者

韩翃（hóng）：字君平，南阳（今河南南阳）人，唐代诗人，"大历十才子"之一。天宝十三年（754）考中进士，建中年间，因作《寒食》一诗被唐德宗赏识，因而被提拔为中书舍人。

▍作品赏析

暮春时节，长安城风光迷人，处处柳絮飘飞，落英缤纷，寒食节里东风吹拂着皇家后苑的柳枝。寒食节普天下禁火冷食，但权贵宠臣却可以得到皇帝赐给的蜡烛。诗人遥想夜色降临，汉代的宫廷里传递着蜡烛，袅袅升起的轻烟散入皇帝宠爱的五侯家里。东汉宦官得宠，桓帝时一日间五宦官被封侯，而唐代宦者专权，不减于汉代桓、灵时期，此诗巧妙讽刺了宦官专权。唐德宗对此诗颇为赏识，亲书"春城无处不飞花"全诗，成为一时佳话。

知识延伸

寒食节的由来

　　寒食节的日期距冬至105天，在清明节前一两天，主要节俗是禁火，不许生火煮食，只能吃冷食，故而得名。寒食节相传是为了纪念晋国臣子介之推。由于骊姬的陷害，晋国公子重耳流亡外国19年，介之推一直跟随重耳，有一次重耳即将饿死却找不到食物，而介之推割下大腿上的肉给重耳吃。后来重耳返国即位，是为晋文公，而封赏时竟然忘了介之推。介之推背着老母，躲入绵山。晋文公前去寻找，但介之推不肯出山。于是晋文公放火烧山，想把介之推逼出来。不料介之推抱木而死。晋文公下令把绵山改为介山，又下令把介之推死的那天定为寒食节，以后每逢寒食节都要禁止生火，以示追怀之意。

清　明　　［唐］杜牧

清明时节雨纷纷，

路上行人欲断魂。

借问酒家何处有？

牧童遥指杏花村。

▌关于作者

杜牧：作者介绍见其诗《山行》。

▌作品赏析

此诗以优美生动的语言，描绘了一幅活灵活现的雨中问路图。清明时节，诗人未能回乡祭祖扫墓，一人孤零零地奔波在异乡路上，心里已经不是滋味；况且，天公也不作美，牛毛细雨纷纷而落，路上行人因为思念亡故的亲人，愁

苦得好像神魂与身体分离。诗人想找个客栈避雨，借酒消愁，可哪儿有客栈呢？诗人向路旁的牧童打听。骑在牛背上的牧童用手指着远处，在那开满杏花的村庄里，客栈正在招揽行人呢！这令诗人心头泛起丝丝暖意。

▌知识延伸

中国传统的祭祖四大节日

除夕、清明节、中元节和重阳节是中国传统节日里祭祖的四大节日。除夕祭祖是流传至今的传统风俗之一，体现了"百善孝为先"的传统观念，在辞旧迎新之际祭祀祖先神灵，祈求保佑子孙后代兴旺发达。清明节扫墓祭祖，为坟墓铲除杂草、添加新土、供上祭品、燃香奠酒、焚烧纸钱，以此来表示对祖先的怀念。农历七月十五中元节祭祖，要请出先人牌位放到供桌上，在每个牌位前插上香，每日晨、午、昏三次供茶饭，直到七月卅（sà）日（七月三十）送回为止。重阳节民间有登高、插茱萸、赏菊等风俗，由于重阳节在农历九月初九，二九相重，称为"重九"，而"九九"谐音是"久久"，有长久之意，所以常在此日祭祖，推行敬老活动。

▌诗词游戏

填写诗句的下一句。

爆	竹	声	中	一	岁	除

第 127 页参考答案：
《诗经》"六义"：风、雅、颂、赋、比、兴
四书：《论语》《孟子》《大学》《中庸》
岁寒三友：松、竹、梅
五经：《诗经》《尚书》《礼记》《周易》《春秋》
花中四君子：梅、兰、竹、菊　五行：金、木、水、火、土

乞 巧 ［唐］林杰

七夕今宵看碧霄，
牵牛织女渡河桥。
家家乞巧望秋月，
穿尽红丝几万条。

关于作者

林杰（831—847）：字智周，唐代诗人，六岁能赋诗，下笔成章，又精于书法棋艺，《全唐诗》存其诗《乞巧》和《王仙坛》两首。

作品赏析

乞巧节是农历七月初七七夕节的别称，古代社会女子在庭院向织女星乞巧，展示女红技巧。此诗浅显易懂，加之牛郎织女的传说家喻户晓，读来倍感亲切。浩瀚天空的上弦月唤起人们丰富的想象，牛郎织女的传说牵动着少女善良的心灵。诗人描述乞巧女子"穿尽红丝几万条"的场景，体会乞巧节给人带来的精神愉悦。

知识延伸

七夕节习俗

七夕节又名乞巧节，来自牛郎与织女的民间传说。古代女子以嫁作人妇、相夫教子为本分，她们相信牛郎织女的传说，每逢农历七月初七，都会向织女献祭，祈求自己心灵手巧、获得美满的姻缘。七夕节习俗包括以下方面：（1）穿针乞巧。（2）晒书晒衣。（3）拜织女。（4）拜魁星。（5）吃巧果。

十五夜望月　[唐] 王建

中庭地白树栖鸦，

冷露无声湿桂花。

今夜月明人尽望，

不知秋思落谁家。

▎关于作者

　　王建（约767—约830）：字仲初，许州（今河南许昌）人，唐代诗人。大历年间进士，历任县丞、司马等，世称王司马。王建了解人民生活疾苦，写出大量优秀的乐府诗，与张籍齐名，世称"张王"。王建又因百首七绝《宫词》而有宫词之祖的美誉，他的宫词是研究唐代宫廷生活的重要资料。

▎作品赏析

　　此诗写农历八月十五中秋之夜，身处异乡的诗人对故乡和亲人的无限思念。诗的第一句写月光照射在庭院地上，好似铺满了白霜，荫翳（yì）的树冠里安睡着乌鸦。第二句写秋夜的寒露打湿了庭中的桂花，好像也沾湿了月中的桂花，暗指诗人视线由环视院庭景色转而仰望明月。诗的后两句抒情：如此皎洁动人的明月，想必天下的人都在此刻仰望，但却不知心中的秋思会飘落在哪里呢？此诗情景交融，把读者引入一个月明人远、情真意切的缥缈意境，将客居思乡的情意纳入赏月的愉悦之中，使诗人的伤感表现得委婉动人，不同凡响。

知识延伸

桂花花语

　　桂花淡雅烂漫，香气逼人，自汉代至魏晋南北朝，桂花就成为名贵的花卉与贡品，并成为美好事物的象征。每到中秋，桂花芳香四溢，可谓"八月桂花遍地开，桂花开放幸福来"。人们还把月桂枝条编成花环，作为胜利的象征，后人就以荣膺"桂冠"表示获得最高荣誉。成语"蟾宫折桂"意思是到月宫攀折桂枝，科举时代比喻应考得中。据《晋书》记载，晋武帝泰始年间，吏部尚书崔洪举荐郤诜（chī shēn）当左丞相，后来郤诜当雍州刺史，晋武帝问他如何自我评价，他说自己犹如"桂林之一枝，昆山之片玉"，后来世人用广寒宫中的一枝桂、昆仑山上的一片玉，来形容出众的人才，这便是"蟾宫折桂"的出处。唐代以后，科举制度盛行，"蟾宫折桂"便用来比喻考中进士。

文化常识游戏

　　读诗词，猜一猜写的是中国古代四大美女中的哪一位？

　　一代倾城逐浪花，吴宫空自忆儿家。

　　效颦莫笑东村女，头白溪边尚浣纱。（　　　　）

答案见第 165 页

水调歌头·中秋

［宋］苏轼

丙辰中秋°，欢饮达旦，大醉，作此篇，兼怀子由°。

明月几时有？把酒问青天。不知天上宫阙，今夕是何年°。我欲乘风归去°，又恐琼楼玉宇°，高处不胜寒。起舞弄清影，何似在人间。　　转朱阁，低绮户°，照无眠。不应有恨，何事长向别时圆？人有悲欢离合，月有阴晴圆缺，此事古难全。但愿人长久，千里共婵娟°。

注释

○ 丙辰：宋神宗熙宁九年（1076）。

○ 子由：苏轼之弟苏辙，字子由。

○ 不知天上官阙，今夕是何年：在古代神话传说中，天上和人间的时间不一致，一般认为，天上时间要远远慢于人间。

○ 乘风归去：驾着风回到天上。

○ 琼楼玉宇：美玉砌成的楼宇，指想象中的月宫。

○ 朱阁：红色的阁楼。绮（qǐ）户：华丽的门窗。

○ 婵娟：原指女子姿态美好的样子，这里指月亮。

关于作者

苏轼：作者介绍见其诗《惠崇春江晚景》。

作品赏析

此词为中秋望月怀人之作，表达了对胞弟苏辙的无限怀念。宋神宗熙宁九年（1076），苏轼出任密州知州，中秋之夜皓月当空，而词人与胞弟苏辙已七年未得团聚，于是挥笔填词，词前小序交代了作词的缘由。上阕写词人把酒问天，勾勒出一种皓月当空、伊人千里、高处不胜寒的清妙意境：明月何时才有？词人举杯遥问苍天，不知天上的今夕是何年何月。我想乘风飞到天上，又恐怕受不住琼楼玉宇的高寒。月下翩翩起舞弄出的清影，哪儿像是在人间呢？词人遗世独立的思绪与古老的月宫神话传说交融一处，渗出浓浓的哲学意味。

下阕怀人，即思念胞弟苏辙，词人由中秋月圆而感念人生的离合无常：月儿转过朱色楼阁，低挂在雕花窗户上，照着没有睡意的我。明月不该有什么遗恨吧，为何偏在人们离别时才圆呢？人有悲欢离合的转换，月有阴晴圆缺的变化，这种事自古难以周全。只希望世上所有人平安长久，即便相隔千里也能共赏明月。

此篇是苏词的代表作之一，极富浪漫主义色彩，为历代公认的中秋词绝唱。全词以咏月为中心，设景清丽雄阔，游仙归去与直舞人间、欲离俗世与入世享乐的困惑，人生长久的旷达自适，使此词极富哲理深度与人情意味，体现出苏词雄阔旷达的风格。

九月九日忆山东兄弟 °

[唐] 王维

独在异乡为异客，

每逢佳节倍思亲。

遥知兄弟登高处°，

遍插茱萸少一人°。

注释

○ 九月九日：即重阳节，古人以九为阳数，故称重阳。忆：想念。山东：指函谷关与华山以东。

○ 登高：古人有重阳节登高的习俗。

○ 茱萸（zhū yú）：一种香草，古人认为重阳节佩戴茱萸香袋可以辟邪。

关于作者

王维：作者介绍见其诗《鹿柴》。

作品赏析

诗人因重阳节思念家乡的亲人而作此诗。当时诗人正在长安谋取功名，帝都的繁华是每个士子心仪的地方，但对少年游子而言，长安毕竟是举目无亲的"异乡"。在茫茫人海中越是繁华热闹，游子就越发感觉孤独无助。开篇一个"独"字，两个"异"字，表现了诗人对家乡亲人的思念。

一旦遇到亲人团聚的传统佳节——重阳节，对家乡风物的许多美好记忆就浮现在眼前，思乡之情自然涌现出来，一发而不可抑制。朴实无华的诗句"每逢佳节倍思亲"一经诗人道出，就成了客中思乡的名句。重阳节有登高、佩戴茱萸的风俗，据说可以避灾。

诗人独在异乡，遥想故乡的兄弟们登高时，身上佩戴茱萸香袋，却发现少了诗人这位兄弟，对与兄弟们在传统佳节未能团聚而深感遗憾。这种出乎常情之处，正是诗人感情深厚的表现。

知识延伸

重阳节习俗

每年农历九月初九是中国传统的重阳节，早在战国时期，重阳节已经形成，到唐代被正式定为民间节日。庆祝重阳节一般包括出游赏景、登高远眺、观赏菊花、遍插茱萸、吃重阳糕、饮菊花酒等活动。

金秋九月，天高气爽，重阳登高远望，心旷神怡可以健身去病。重阳糕有花糕、菊糕、五色糕，讲究的重阳糕要做九层，像座宝塔，上面做两只小羊，以符合重阳之义。菊花象征长寿，赏菊历来是重阳节隆重的活动，茱萸香味浓郁，有驱虫祛湿、逐风辟邪的功效，九九重阳佩戴茱萸香袋、簪（zān）菊花在唐代已很普遍。古代民间认为，九月初九是多灾多难的逢凶之日，所以人们喜欢佩戴茱萸来辟邪。

本篇的主题是送别与思乡，共有13首诗。

送别诗抒发与友人道别时的伤感情怀。古代交通困难，故友一别有时终生难以再见，王勃"海内存知己，天涯若比邻"表现了空间上的距离隔不断心灵相通的情感；王维送友人元二出使安西，"西出阳关无故人"道出诗人与友人依依惜别的深情；李白激情奔放，在黄鹤楼送别好友孟浩然，没有一丝离愁别绪，诗人望着帆影消失在碧空尽头，胸中无穷的诗意豪情随着江水荡漾。他与好友汪伦分别时，"桃花潭水深千尺，不及汪伦送我情"以高度夸张的笔法，写出诗人与汪伦的深情厚谊。边塞诗人高适告别好友董大，以"天下谁人不识君"来激励朋友搏击风浪。

思乡诗主要写客居他乡的游子，漂泊异乡的凄凉心境以及对家乡和亲人的思念之情。诗人贺知章青年时期离开家乡，86岁返回故里，乡音未改，但儿童"笑问客从何处来"，引发了诗人无穷的感慨；李白《静夜思》描写望月思乡的古老主题；王安石"明月何时照我还"抒发诗人思念家园的深切感情；王观《卜算子》刻画词人送别友人难离难舍的心情；纳兰性德《长相思》描摹词人在风雪交加的塞外宿营，道出思乡恋家的真切情感。

莫愁前路无知己

送别思乡篇

送杜少府之任蜀州　　　［唐］王勃

城阙辅三秦°，风烟望五津°。

与君离别意，同是宦游人。

海内存知己，天涯若比邻。

无为在歧路，儿女共沾巾。

注释

○ 城阙：城墙和宫阙，这里指长安。三秦：指长安附近的关中之地。秦亡后，项羽分其地为雍、塞、翟三国，故称"三秦"。

○ 五津：岷江有五个渡口，合称五津，此处代指蜀州，今四川崇州。

关于作者

王勃（650或649—676）：唐代著名诗人，字子安，绛州龙门（今山西河津）人，自幼聪敏好学，被赞为"神童"。他与杨炯、卢照邻、骆宾王并称为"初唐四杰"，而王勃居"初唐四杰"之冠。此诗是王勃最有名的代表作。

作品赏析

这是一首送别诗。王勃的朋友杜少府将要去蜀地任职，王勃为好友送行，二人在城外话别。由于蜀地偏远，好友心境不佳，当时王勃二十岁，仕途也不顺利，但意气昂扬、心胸开阔，正是这样的心态，让他一反别离的愁怨，以全新的视角来抒发送别好友上任的情怀。

首联点出送别地点：关中一带雄伟险要的三秦之地护卫着长安城，远远望去，只见四川一带岷江的五个渡口在风尘烟霭中苍茫无际。与一般送别诗只着眼于柳枝、泪痕、酒盏不同，此诗运用夸张手法，开篇展开极为壮阔的境界。

颔联写朋友与诗人一样，都是为了仕途而在外漂泊，因此上任、调离乃平常之事，朋友间真挚的感情不会因此而疏远，又何必徒增伤悲呢？

颈联写四海之内皆兄弟，空间上的距离隔不断心灵的相通，只要彼此想着对方，即使相隔千里，也如同近在咫尺。

尾联写在即将分别的岔路口，诗人与友人不像寻常的小儿女那样挥泪告别！这既是对朋友的叮咛，也是诗人情怀的流露。

知识延伸

王勃诗词名句

1. 海内存知己，天涯若比邻。——《送杜少府之任蜀州》
2. 月下调鸣琴，相思此何极。——《寒夜思友》
3. 画栋朝飞南浦云，珠帘暮卷西山雨。——《滕王阁诗》
4. 闲云潭影日悠悠，物换星移几度秋。——《滕王阁诗》
5. 落霞与孤鹜齐飞，秋水共长天一色。——《滕王阁序》
6. 老当益壮，宁移白首之心？穷且益坚，不坠青云之志。——《滕王阁序》

回乡偶书　　［唐］贺知章

少小离家老大回°，

乡音无改鬓毛衰。

儿童相见不相识，

笑问客从何处来。

注释 ○ 少小离家：诗人 37 岁中进士，在此之前就已离开家乡。

老大：年纪大了，诗人回乡时已年逾 80 岁。

▌关于作者

作者介绍见其诗《咏柳》。

▌作品赏析

此诗是诗人晚年之作，充满生活情趣。诗人青年时期离开家乡，风华正茂；如今返回家乡，虽然乡音没有改变，但鬓毛已经疏落，人生易老、世事沧桑的感慨不禁涌上心头。儿童看见诗人已经不认识了，他们笑着问客人从哪里来。

富于戏剧性的儿童一句笑问，对于诗人却是重重的一击，引出他的无穷感慨。全诗在有问无答处悄然作结，弦外之音却如空谷回响，哀婉不绝。

▌知识延伸

"四明狂客"与"饮中八仙"——贺知章

贺知章是唐代著名诗人，少年时就以诗文知名，武则天证圣元年（695）中状元，是浙江历史上有确切记载的第一位状元。他又是著名书法家，与张若虚、张旭、包融并称"吴中四士"。

　　贺知章生性豪放旷达，非常善于言谈，又风流潇洒，是当时人倾慕的"风流才子"。他一见到李白的诗文，即赞叹为"谪仙人也"，并把李白引荐给唐玄宗为官。

　　贺知章晚年更是放荡不羁，自称"四明狂客"，又因为他的诗风豪放旷达，人称"诗狂"。

　　贺知章和李白都喜欢喝酒，是著名的"酒仙"。大诗人杜甫《饮中八仙歌》："知章骑马似乘船，眼花落井水底眠。"是说贺知章喝醉以后，骑在马上前俯后仰，就像坐在船上一样，醉眼昏花掉到井里，干脆就在井底睡着了。他与李白、张旭、李适之、李琎（jīn）等人被称为"酒中八仙"。

▎诗词游戏

　　填写诗句的上一句。

天	涯	若	比	邻

第 155 页参考答案：西施

芙蓉楼送辛渐°   ［唐］王昌龄

寒雨连江夜入吴°，

平明送客楚山孤°。

洛阳亲友如相问°，

一片冰心在玉壶°。

注释

○ 芙蓉楼：在润州（今江苏镇江）西北。

○ 吴：古国名，这里泛指江苏南部、浙江北部一带，江苏镇江一带为三国时吴国所属。

○ 平明：天亮的时候。楚山：春秋时楚国在长江中下游一带，因此称这一带的山为楚山。

○ 洛阳：位于今河南西部、黄河南岸。

○ 冰心：比喻纯洁的心。玉壶：此处指自然虚无之心。

关于作者

王昌龄（？—约756）：字少伯，京兆长安（今陕西西安）人，盛唐时期著名边塞诗人，被后人誉为"七绝圣手""诗杰"。开元进士，曾任秘书省校书郎、江宁丞、龙标尉等职，世称王龙标，又有"诗家天子王江宁"之称。他的边塞诗气势雄浑，格调高昂，积极向上，有《王昌龄集》存世。

作品赏析

开元二十九年（741），王昌龄离开京城长安赴任江宁（今南京）丞，在润州（镇江）芙蓉楼与好友分别。此诗写诗人次日清晨在江边与友人送别的情景。

诗人首先描画了水天相连、浩渺迷茫的吴江夜雨图，渲染了离别的黯淡气氛，寒意弥漫于满江烟雨之中，更浸透了友人离别的心。清晨天色将明，友人辛渐将要登舟北归洛阳。诗人遥望江北的远山，想到友人将隐没于苍茫的楚山之外，孤寂之感油然而生。友人回到洛阳可与亲友相聚，而留在吴地的诗人，像孤零零的楚山一样，仁立在江畔空望流水东逝。诗人临别叮咛友人，洛阳亲友如果问起我来，就说我冰心玉壶信念依旧！诗人从清澈无瑕的玉壶中捧出一颗纯洁晶莹的冰心来告慰友人，深情而含蓄地表达了自己的品格与德行的高洁。

知识延伸

冰心笔名的由来

冰心原名谢婉莹，福建长乐人，中国现代女作家，儿童文学作家。1919年冰心发表第一篇创作小说《两个家庭》，第一次使用"冰心"的笔名。

据冰心回忆说："当时我不愿同学们知道文章是我写的，而'冰心'笔画既简单好写，又与我的本名谢婉莹的'莹'字含义相符。我出生后，祖父曾找算命先生为我算命，算命先生说我应该是男命，命中有文曲星，还说我的八字里缺火。所以二伯父给我取名'婉莹'，'莹'字头上有两个'火'字（莹的繁体字为瑩）。"而"冰心"二字，正是取自唐代诗人王昌龄"洛阳亲友如相问，一片冰心在玉壶"这句诗。

送元二使安西° ［唐］王维

渭城朝雨浥轻尘°，

客舍青青柳色新。

劝君更尽一杯酒，

西出阳关无故人°。

注释
○ 元二：姓元，排行第二，诗人的朋友。使：出使。安西：指唐代的安西都护府，在今新疆库车附近。

○ 渭城：秦朝都城咸阳，汉代改为渭城，在长安西北，渭水北岸。浥（yì）：湿。

○ 阳关：在今甘肃敦煌西南，古代是通往西域的要道。

关于作者

王维：作者介绍见其诗《鹿柴》。

▎作品赏析

　　此诗是王维送别友人元二出使安西的赠别诗，后有乐人谱曲，名为《阳关三叠》，又名《渭城曲》，大约作于安史之乱前。安西都护府是唐朝中央政府为统辖西域地区而设置，治所在龟（qiū）兹城（今新疆库车）。

　　唐人从长安前往安西，多在渭城送别。平日从长安西去的大路上，车马交驰，尘土飞扬，而诗人送别元二时，经过一场朝雨的洒洗，道路洁净清爽而轻尘不扬。客舍周围、驿道两旁的柳树经过一场细雨，重新展现出那青翠的本色。清朗的天宇、洁净的道路、青青的客舍、翠绿的杨柳，共同构成一幅色调清新明朗的送别图景。在饯（jiàn）行筵席上诗人劝慰朋友：再喝一杯吧，出了阳关可能就见不到老朋友了。

　　此诗表达了诗人与友人依依惜别的深挚感情，适合于绝大多数离别筵席的演唱，后来编入乐府，成为流行最广、传唱最久的歌曲。

▎知识延伸

《阳关三叠》

　　《阳关三叠》又名《阳关曲》《渭城曲》，根据唐代诗人王维《送元二使安西》一诗谱写而成，收入《伊州大曲》作为第三段。其是中国十大古琴名曲之一，也是我国古代音乐作品中的精品，千百年来广为传唱。

　　唐末诗人陈陶写诗说："歌是《伊州》第三遍，唱着右丞（指王维）征戍词。"诗人李商隐曾形容此曲"红绽樱桃含白雪，断肠声里唱阳关"。这些诗人与王维生活的年代相隔一个世纪，可见这支曲子在唐代流行的盛况。

▎诗词游戏

　　填写诗句的下一句。

洛	阳	亲	友	如	相	问

黄鹤楼送孟浩然之广陵°

[唐] 李白

故人西辞黄鹤楼°，
烟花三月下扬州°。
孤帆远影碧空尽，
唯见长江天际流°。

注释

○ 黄鹤楼：名胜古迹，故址在今湖北武汉蛇山的黄鹄（hú）矶（jī）上，传说三国时费祎（yī）在此登仙，乘黄鹤而去，故称黄鹤楼。之：往，到达。广陵：即扬州。

○ 故人：老朋友，此处指孟浩然，年龄比李白大，在诗坛上享有盛名。辞：辞别。

○ 烟花：形容柳絮如烟、鲜花似锦的春天景物。下：顺流而下。

○ 唯见：只看见。天际流：流向天边。

关于作者

李白：作者介绍见其诗《古朗月行》。

作品赏析

李白热爱自然，一生好游名山，足迹遍布祖国大好河山，开元十八年（730）阳春三月，李白得知孟浩然要去广陵，二人相约在江夏（今武昌）见面。几天后，孟浩然乘船东下，李白亲自送他到江边而作此诗。

在一片赏心悦目的美景中，诗人一边送别友人，心一边跟着飞翔，胸中无穷的诗意随着江水荡漾。黄鹤楼是天下名胜，是仙人飞天而去的地方，也是诗人与友人经常流连聚会之所。诗人愉快地送友人去广陵，连畅想都变得愉悦。烟花三月的扬州，暮春景色繁华迷人，开元时代的扬州更是繁华阜（fù）盛，诗人对扬州之行的渴望溢于言表。友人的船已扬帆远去，而诗人的目光望着帆影，直到帆影消失在碧空的尽头，只见一江春水浩浩荡荡流向水天交接之处。

这场极富诗意的潇洒离别，与绚烂的阳春美景，与放舟长江的宽阔画面，交融在一起。"烟花三月下扬州"成为千古传唱的佳句。

知识延伸

江南三大名楼

武昌的黄鹤楼与洞庭湖畔的岳阳楼、南昌的滕王阁齐名，被誉为江南三大名楼。众多诗人在此三大名楼留下了千古流传的名句。

赠汪伦° 　　　〔唐〕李白

李白乘舟将欲行，

忽闻岸上踏歌声°。

桃花潭水深千尺°，

不及汪伦送我情。

注释

○ 汪伦：李白好友，李白游桃花潭时，汪伦盛情款待了他。

○ 踏歌声：脚有节奏地踏着地，高歌为客送别。

○ 桃花潭：地名，在今安徽泾县西南。

▎关于作者

李白：作者介绍见其诗《古朗月行》。

▎作品赏析

此诗热情歌颂了李白与汪伦之间深厚的友情，语言自然天成，真情毕露。天宝十四年（755），李白在友人汪伦的邀请下游历安徽泾县桃花潭。据《汪氏族谱》记载，汪伦是唐朝著名士人，曾做过泾县令，与李白是好友。李白与汪伦离别时，创作了此诗。

古诗的创作通常主张含蓄蕴藉，而李白此诗的特点却是坦率直露，绝少含蓄。

首句说李白要乘船离开桃花潭，话语脱口而出，不假思索，表现出诗人乘兴而来、兴尽而返的潇洒神态。

次句"忽闻"二字，表明汪伦的送行是不期而至，那热情爽朗的歌声使李白料到汪伦来送行了，这样的送别场面表现出李白和汪伦的不拘俗礼与豪放热情。

最后两句"桃花潭水深千尺，不及汪伦送我情"，采用夸张的手法表现出二人真挚纯洁的情谊。

李白的诗"清水出芙蓉，天然去雕饰"，《赠汪伦》一诗便有一种天成之趣，体现了李白诗风的自然高妙。

▎知识延伸

诗仙李白的"夸张"妙笔

李白的诗具有浪漫主义特色，他常常将夸张、拟人、比喻等手法综合运用，从而形成瑰丽动人、神奇异彩的意境，给人豪迈奔放、飘逸若仙的感觉。比如"桃花潭水深千尺""危楼高百尺""飞流直下三千尺""白发三千丈"等，都采用了夸张的艺术手法。他的夸张不仅想象奇特，还自然生动，不露痕迹，起到了突出形象、强化感情的作用。

▎诗词游戏

填写诗句的上一句。

唯	见	长	江	天	际	流

静夜思

［唐］李白

床前明月光，疑是地上霜。
举头望明月，低头思故乡。

关于作者

李白：作者介绍见其诗《古朗月行》。

作品赏析

李白25岁出蜀漫游各地，再也没有回过故乡。在一个寂静的月夜，诗人因思念故乡而作此诗。此诗堪称千古传诵之作。

诗的前两句写诗人在他乡做客，看着洒在井上围栏如水的月色，心头不免泛起阵阵思乡之情，照在井栏上的月光是那么皎洁，以至诗人感觉地上洒了若有若无的白霜。一个"霜"字既表现了月光的皎洁，又传达出深秋的寒冷，更

渲染出诗人漂泊异乡的孤寂凄凉。诗的后两句以动作神态为主线，深化了诗人的思乡之情：诗人翘首凝望天上的明月，不禁想起此刻他的故乡也在这轮明月的映照下。他低头思念那可爱的家乡，思念那里的父老兄弟、亲朋好友，还有家乡那一山一水、一草一木，还有那逝去的韶华与悠悠往事！一个"思"字为全诗的画龙点睛之笔，写出诗人浓浓的思乡之情，令读者为之动容。

此诗没有标新立异的想象，没有华丽精致的辞藻，但那浅白朴实的语言最让人有心灵契合之感。

▍知识延伸

漫谈"床前明月光"的"床"

李白著名的诗句"床前明月光，疑是地上霜"可谓妇孺皆知，但诗中的"床"指什么却有争议。人们通常将床解释为睡床，但如果是睡床，那月光是如何照进房间才让诗人疑心为霜的呢？

目前有两种意见，第一种是说，床不是卧榻，而是井栏。《辞海》明确注释，床意思之一是井上围栏。古人把"有井水处"称为故乡，李白看到井栏沐浴在月光下，想起了故乡。从考古发掘来看，古代水井有井栏，高数米，以方框形围住井口，防止人跌入井内，这方框形很像古代的床，因此古代井栏又叫"银床"。

第二种是把床解释为胡床。胡床也称"交床""交椅""绳床"，是古时一种可以折叠的轻便坐具，类似于小板凳、小马扎，但人所坐的面不是木板，而是可以卷折的布或类似物。在唐代"床"仍然是"胡床"，即小马扎，是一种坐具。

▍诗词游戏

填写诗句的上一句。

天	下	谁	人	不	识	君

别董大 °

[唐] 高适

千里黄云白日曛 °，

北风吹雁雪纷纷。

莫愁前路无知己，

天下谁人不识君？

注释

○ 董大：指唐玄宗时著名的琴师董庭兰，因在兄弟中排行第一，故称"董大"。

○ 黄云：在阳光下，天上的乌云呈暗黄色，所以叫黄云。白日曛（xūn）：太阳黯淡无光。曛，昏暗。

▌关于作者

高适（约700—765）：唐代诗人，字达夫，渤海蓨（tiáo）（今河北景县）人，居住在宋中（今河南商丘）一带。年少孤贫，酷爱交游，有侠士之风。后客居梁、宋等地，曾与李白、杜甫结交。唐代宗时官居散骑常侍，封渤海县侯，世称高渤海。与岑参齐名，并称"高岑"，同为边塞诗派代表诗人，风格相近。其诗以七言歌行最富有特色，笔力雄健，气势奔放，洋溢着盛唐时期奋发进取、蓬勃向上的时代精神，著有《高常侍集》。

▌作品赏析

在赠别诗中，此诗与那些凄清缠绵、低回流连的诗篇相比，具有慷慨悲歌、豪放雄壮的色彩。

北方的冬天原野苍茫，千里落日黄云，且又大雪纷飞，在北风呼啸中唯见天际的大雁出没于寒云之中。诗人与琴师董庭兰（即董大）都处于困顿的境遇，正所谓"同是天涯沦落人"，又在日暮天寒里告别，各奔一方，怎能不令人长啸悲歌！但诗人胸襟开阔，临别赠言说得激昂慷慨，劝慰朋友说，此去不要担心遇不到知己，天下哪个人不认识董庭兰啊！此语在慰藉（jiè）中充满信心和力量，激励朋友抖擞精神去奋斗、去拼搏。因为是知音，说话才豪爽直率；又因其沦落，才以希望来慰藉。

▌知识延伸

董庭兰与筚篥（bì lì）

董庭兰早年学琴，演奏技艺高超，但由于七弦琴非常古老，难得知音，当时西域音乐又盛极一时，因此他虽然身怀高超的琴艺，但无人欣赏。于是，他走出琴室，常与西域乐师交流技艺，又到市井村邑为百姓演出，也到楼馆茶座为名流学士吹奏，他刻苦钻研筚篥的演奏艺术，成为当时最负盛名的筚篥演奏家。

赋得古原草送别 ◦ ［唐］白居易

离离原上草，一岁一枯荣 ◦ 。

野火烧不尽，春风吹又生。

远芳侵古道，晴翠接荒城 ◦ 。

又送王孙去，萋萋满别情 ◦ 。

注释

◦ 赋得："赋得体"是古人学习作诗、文人聚会分题作诗、科举考试时命题作诗的一种方式。按科举考试规矩，凡是指定或限定诗题，题目之前必须加"赋得"二字。

◦ 离离：青草茂盛的样子。枯：枯萎。荣：茂盛。

◦ 晴翠：草原明丽翠绿。

◦ 王孙：本指贵族后代，此处指远方的友人。萋萋：形容草木长得茂盛的样子。

关于作者

白居易：作者介绍见其诗《钱塘湖春行》。

作品赏析

此诗开篇描写小草春荣秋枯，岁岁循环不已。春草具有顽强旺盛的生命力，即使秋冬野火燎原，大片大片枯草被烧光，但它是斩不绝、烧不尽的。只要草根残存，待到来年春风化雨，野草便会复苏，蔓延整个原野。前半首重在写"草"，而五六句则将笔锋一转，重点落到描写古原，以引出送别之意。古原上野草蔓延到远方，淹没了古道，草香清新可嗅，绿草沐浴着阳光，明秀翠绿，蔓延扩展与荒城相连。大地春回，古原上芳草青青，景色迷人而富有诗意，在这样的美景下，诗人送别知心的朋友，茂密的青草代表着送别的深情。

全诗自然流畅，字字饱含真情，余味无穷，在"赋得体"中堪称绝唱。

诗词游戏

填写诗句的上一句。

明	月	何	时	照	我	还

泊船瓜洲　　［宋］王安石

京口瓜洲一水间°，

钟山只隔数重山°。

春风又绿江南岸°，

明月何时照我还。

注释

○ 京口：古城名，故址在江苏镇江。瓜洲：镇名，在长江北岸，今扬州南部长
江边上。

○ 钟山：今南京紫金山。

○ 绿：吹绿，拂绿。

关于作者

王安石：作者介绍见其诗《梅花》。

作品赏析

　　熙宁元年（1068）四月，王安石乘船行在京口瓜洲的长江上，他居住的钟山就在几重山之外。看着草长莺飞、杂花生树的江南，诗人还未离去，就开始怀念金陵故居，此诗抒发了诗人思念家园的深切感情。

　　诗人站在瓜洲渡口，看到南岸京口这么近，只隔一条江水，诗人的家园钟山也只隔几重山，看来诗人已经归心似箭了。春风又来到长江，千里江岸一片新绿，诗人眺望已久，不知不觉明月升起，诗人不禁要问：明月呀明月，你何时才能照着我回到家里？

卜算子·送鲍浩然之浙东 °

[宋] 王观

水是眼波横°，山是眉峰聚°。欲问行人去那边°？眉眼盈盈处°。　　才始送春归°，又送君归去。若到江南赶上春，千万和春住。

注释

○ 卜算子：词牌名。鲍浩然之浙东：词题。之，往，去。
○ 水是眼波横：形容水波流动，状如美人闪动的眼神。
○ 山是眉峰聚：山的二峰对峙，状如美人蹙起的眉毛。
○ 那：同"哪"。
○ 眉眼盈盈处：指山水交汇、风景秀丽的地方。盈盈：形容仪态美好的样子，此处借指山水秀丽的地方。
○ 才始：方才。

关于作者

　　王观（1035—1100）：字通叟，如皋（今江苏如皋）人，北宋词人。北宋嘉祐二年（1057）进士，官至翰林学士。相传王观奉诏作《清平乐》，高太后因对王安石变法不满，认为王观是王安石门生，就以《清平乐》亵渎神宗为名，将其罢职，于是王观自号"逐客"，从此为民至老。他的词情景交融，生动风趣，著有《冠柳集》，后失传。

作品赏析

　　这是一首情感真挚的送别词。暮春三月，好友鲍浩然回乡探亲，词人为他送别，好友的家乡在山清水秀的浙东。词的上阕描写浙东山水的清秀："眼波横""眉峰聚"，山水本无情，可在王观的眼中，它们在友人归去的路上是

那么的美丽，好比是美人的眼睛和眉峰，为友人的离去而动容，新颖的比喻将词人送别友人难离难舍的心情，表现得淋漓尽致。词的下阕抒情：刚送走了春天，如今你又要离开，使人愁上加愁，依依不舍。不过词人笔锋一转：说友人要是到了江南，赶上了春天，请千万把春光留住，叮嘱朋友不要辜负江南的美好春光，也是对友人一家团圆、幸福美满的最好祝福。全词构思巧妙，语言诙谐，感情真挚，独具创新。

夜书所见

［宋］叶绍翁

萧萧梧叶送寒声，江上秋风动客情°。

知有儿童挑促织°，夜深篱落一灯明。

注释
○ 客情：旅客思乡之情。
○ 促织：即蟋蟀，俗称蛐蛐，叫声像织布声。

关于作者

叶绍翁：作者介绍见其诗《游园不值》。

作品赏析

诗人客居异乡，静夜感秋，写下这首即景抒情的绝句。前两句写江边梧桐叶送寒，秋风动情，引起旅人的乡愁。梧桐叶是秋天的物候特征，造成秋风萧瑟的意象，衬托出秋夜的寂静，梧桐叶、秋风触动羁旅行客的孤寂情怀。诗人愁绪满怀难以入眠，于是步出户外，眼前夜景令他触景生情：苍茫的夜色中，在院外篱笆隙间有一盏时明时暗的灯火，再一细看是小孩子提着灯笼，搬开石头正在抓蟋蟀呢！孩子无忧无虑、天真活泼的举动，与诗人的离愁别绪形成鲜明的对照。此诗"以无知儿女之乐，反衬出有心人之苦，最为入妙"。诗人通过艺术形象把不易描摹的秋夜旅人况味，委婉托出而不落俗套。

知识延伸

通感修辞

钱钟书说："在日常经验里，视觉、听觉、触觉、嗅觉、味觉往往可以彼此打通或交通，眼、耳、舌、鼻、身各个官能的领域，可以不分界线。"这是对通感最为恰当的描述。通感又称"移觉"，作为一种修辞手法，是指在描述客观事物时，用形象的语言使感觉转移，将人的视觉、听觉、味觉、嗅觉、触觉等不同感觉互相沟通交错，彼此转换，从而使文章的意象更为活泼新奇。

通感修辞如朱自清的《荷塘月色》："微风过处，送来缕缕清香，仿佛远处高楼上渺茫的歌声似的。"这里，清香是嗅觉，歌声是听觉，朱自清将两种感觉互通，构成通感修辞，让人对荷香清幽产生更为丰富的理解和想象。又如古诗词中，李白《与史郎中钦听黄鹤楼上吹笛》"黄鹤楼中吹玉笛，江城五月落梅花"听觉、视觉互通，恰当使用了通感修辞。

文化常识游戏

读诗词，猜一猜写的是中国古代四大美女中的哪一位？

新丰绿树起黄埃，数骑渔阳探使回。

霓裳一曲千峰上，舞破中原始下来。（　　　　）

答案见 187 页

长相思°

［清］纳兰性德

山一程，水一程，身向榆关那畔行°，
夜深千帐灯。　　　风一更°，雪一更，聒碎
乡心梦不成°，故园无此声。

注释

○ 长相思：词牌名，唐代教坊曲，又名"双红豆"。
○ 榆关：指山海关。那畔：那边，此处指关外。
○ 更：旧时一夜分五更，每更约两小时。
○ 聒（guō）：声音嘈杂，此处指风雪声杂乱。

关于作者

纳兰性德（1655—1685）：原名成德，字容若，号楞（léng）伽（jiā）山人，满洲正黄旗人，清代词人。大学士明珠的长子。他自幼聪明，读书过目不忘。康熙十五年（1676）进士，官至一等侍卫。他善于填词，以小令见长，现存词340余首。去世时，年仅31岁，著有《饮水词》。

作品赏析

上阕起句"山一程，水一程"，写出了旅程的艰难曲折，词人翻山越岭，登舟涉水，走了一程又一程，愈走离家乡愈远。这里运用反复的修辞手法，将"一程"重复使用，突出路途的漫长遥远。"身向榆关"点明行旅的方向，暗含身向榆关而心向家园之意，"那畔"一词表现词人奉命出行却恋土思家的无可奈何。"夜深千帐灯"一句承前启后，使上下阕自然转换。经过日间长途跋涉，夜晚人们在旷野搭起帐篷，准备就寝，夜深了而帐篷内灯光熠（yì）熠，词人羁旅劳顿后为何深夜不寐（mèi）呢？

　　接下来交代深夜不寐的原因："风一更，雪一更"描写荒寒的塞外暴风雪彻夜不停，此句与"山一程，水一程"两相映照，写出了山长水阔、路途漫长而艰辛的情形。这怎不使词人发出凄婉的怨言，"聒碎乡心梦不成，故园无此声"，夜深人静是想家的时候，更何况塞上"风一更，雪一更"的苦寒天气，一家人在一起，即使风雪交加也不怕。可远在塞外宿营，风雪弥漫，心情就大不相同了。这首词采用白描手法直抒胸臆，语言朴素自然，毫无雕琢痕迹，表现出思乡恋家的真切情感，为世人所称道。

第 185 页参考答案：杨玉环

"情感篇"收录 12 首诗词，分别表达了爱情、友情、亲情，以及痛彻心扉的亡国之痛。

　　《诗经》的第一篇《关雎》描写了贵族青年男女的爱情，诗以雎鸟相向合鸣兴起，歌唱君子淑女之间的爱情。"关关雎鸠，在河之洲，窈窕淑女，君子好逑"已成为家喻户晓的爱情名句。

　　词人李煜身为亡国之君，荣华富贵对他而言已成过眼烟云，他尝尽了人间冷暖、世态炎凉。"剪不断，理还乱"的离愁，可谓"别是一般滋味在心头"，表现了词人深重的亡国之痛。

　　孟郊《游子吟》通过临行前母亲缝衣的场景，赞扬了母爱的伟大与无私，"谁言寸草心，报得三春晖"写出了儿女对慈母发自肺腑的爱。

无言独上西楼

情感篇

关　雎　　　　　《诗经·周南》

关关雎鸠°，在河之洲。
窈窕淑女°，君子好逑°。

参差荇菜°，左右流之°。
窈窕淑女，寤寐求之°。
求之不得，寤寐思服°。
悠哉悠哉，辗转反侧。

参差荇菜，左右采之。
窈窕淑女，琴瑟友之°。
参差荇菜，左右芼之°。
窈窕淑女，钟鼓乐之。

注释

○ 雎鸠（jū jiū）：一种水鸟。通常认为是鱼鹰。
○ 窈窕（yǎo tiǎo）：美好文静的样子。淑女：贤良美好的女子。
○ 好逑（hǎo qiú）：好的配偶。逑：配偶之意。
○ 参差（cēn cī）：长短不齐。荇（xìng）菜：水生植物，圆叶细茎，根生水底，叶浮在水面，可供食用。
○ 流：求取。
○ 寤寐（wù mèi）：指日日夜夜。寤，觉（jiào）醒。寐，入睡。思服：思念。服，想。
○ 琴瑟：皆为弦乐器，琴为五弦或七弦，瑟为二十五弦或五十弦。
○ 芼（mào）：择取，挑选。

作品赏析

此诗歌咏贵族青年男女的爱情。

首章四句采用"兴"的手法，以雎鸟相向合鸣兴起君子和淑女的爱情。雎鸠在河中沙洲上关关歌唱，相依相恋，那文静美好的少女是君子理想的配偶。第二章四句写男子对淑女的追求：参差不齐的荇菜，顺着水流左右两边捞取，文静美好的淑女，君子梦寐以求。第三章四句抒发君子求之而不得的忧思：追求未能如愿呀，心头日夜在牵挂；漫漫长夜辗转反侧，未能成眠。四五章写求得之后的喜悦：参差不齐的荇菜呀，两手左右去采摘，文静美好的少女，我弹琴鼓瑟和你交朋友；参差不齐的荇菜，左右两边来挑选，文静美好的少女，我以钟鼓合乐来迎娶你。

全诗语言优美，善于运用双声、叠韵和重叠词，增强了诗歌的音韵美和拟声传情的生动性。

▌知识延伸

漫谈《诗经》

《诗经》是我国最早的一部诗歌总集。它汇集了从西周初年到春秋中叶大约五百多年的诗歌305篇，因此又称《诗三百》，汉朝时确认为儒家"五经"之一，此后称为《诗经》。

《诗经》中的诗歌分为《风》《雅》《颂》三类，表现手法上分为"赋""比""兴"，与《风》《雅》《颂》合称为《诗经》，即"六义"。

《风》即《国风》，也就是各地方的土风民谣，共有十五国《国风》160篇；《雅》即正声雅乐，分为《小雅》和《大雅》两类，共105篇，用于诸侯朝会或贵族宴飨；《颂》是宗庙祭祀的乐歌，分为《周颂》《商颂》和《鲁颂》三部分，现存共40篇，用于天子宗庙祭祀祖先，祈祷赞颂神明。

▌诗词游戏

填写诗句所缺的部分。

		苍	苍	，	白	露	为	霜
				，	在	水	一	方

蒹　葭°　　　　　　　《诗经·秦风》

蒹葭苍苍，白露为霜。
所谓伊人，在水一方。
溯洄从之°，道阻且长。
溯游从之，宛在水中央。

蒹葭萋萋，白露未晞°。
所谓伊人，在水之湄°。
溯洄从之，道阻且跻°，
溯游从之，宛在水中坻°。

蒹葭采采，白露未已。
所谓伊人，在水之涘°。
溯洄从之，道阻且右。
溯游从之，宛在水中沚°。

注释

○ 蒹葭（jiān jiā）：芦苇。蒹，没有长穗的芦苇；葭，初生的芦苇。

○ 溯洄（sù huí）：逆流而上。从：追求。

○ 晞（xī）：晒干。

○ 湄（méi）：岸边，水与草交接之处。

○ 跻（jī）：升高，形容道路又陡又高。

○ 坻（chí）：水中的小洲或高地。

○ 涘（sì）：水边。

○ 沚（zhǐ）：水中的小块陆地。

▌作品赏析

　　《蒹葭》出自《诗经·秦风》，是秦国的一首民歌。此诗最有价值、最能令人产生共鸣之处，不是抒发了诗人的追求与失落，而是创造了"在水一方"那可望而不可即的艺术意境：一个秋天的清晨，芦苇上的露水还未干，主人公在白露茫茫、蒹葭苍苍的曲水之畔徘徊，寻找自己朝思暮想的意中人——伊人。

　　伊人所在之处流水环绕，仿佛就在水中央，却可望而不可即。无论怎么追求，寻访者却总是在绕圈子，但他欲罢不能，感受着咫尺天涯的无限惆怅。

　　全诗采用反复咏唱的形式，层层深入描写这种"可望而不可求"的思慕深情，让人读起来只觉情调凄婉，意蕴无穷，极富朦胧美。读者不妨把《蒹葭》的诗意理解为一种象征，把"在水一方"看作社会人生中一切可望而不可即的情境。诗中的"伊人"，可以是贤才、友人、情人，也可以是功业、理想、前途，甚至可以是圣境、仙界；诗中的"水"，可以是高山深堑（qiàn），长江大河，也可以是宗法、礼教等任何障碍。只要有追求，就有阻隔，有失落，这些都包蕴在"在水一方"的象征意义之中。

迢迢牵牛星　　《古诗十九首》

迢迢牵牛星，皎皎河汉女°。

纤纤擢素手°，札札弄机杼°。

终日不成章，泣涕零如雨。

河汉清且浅，相去复几许。

盈盈一水间，脉脉不得语°。

注释

○ 河汉女：织女星。河汉，指银河。

○ 擢（zhuó）：伸出。

○ 机杼（zhù）：指织机。杼，织布用的梭子。

○ 脉（mò）脉：相对注视、默默无言的样子。

▎作品赏析

这首诗是梁朝萧统所编《文选》收录的《古诗十九首》中的第十首，取材于我国古代牛郎织女的神话传说，诗篇借写织女隔着银河遥望牛郎的凄美爱情，实际上是比喻思妇与游子，抒发人间的相思别离之感。

诗的开篇描写织女与牛郎被天河隔断，织女无时无刻不想着自己的丈夫。她伸出纤长白皙的手，正摆弄着织机织布，发出札札的织布声，但因为思念牛郎，无心织布，因此一整天也没有织成一段布。想着想着，织女的眼泪就像雨点一样落下来。织女站在天河边，银河又清又浅，相隔能有多远呢？虽然只隔一条清澈的河水，却只能含情脉脉地凝视对岸的牛郎，欲语不能，柔肠寸断。此诗看似写神话故事，实际上却是现实爱情生活的反映。全诗想象丰富，情意缠绵；"皎皎""纤纤""盈盈""脉脉"等叠音词的运用，增添了诗的音乐美，加上句句押韵，情趣盎然，使诗篇具有浓郁的抒情性。

诗歌中的比兴手法

比兴是古典诗歌中的表现手法，南宋朱熹的《诗集传》准确说明了作为诗词表现手法"比、兴"的基本特征："比者，以彼物比此物也；兴者，先言他物以引起所咏之辞也"。通俗而言"比"就是譬喻，是对人或对物加以形象比喻，使其特征鲜明突出，有的诗在个别地方采用"比"的手法，而咏物诗则整个形象都是"比"。"兴"即起兴，是借助其他事物作为诗歌发端，以引起本诗所要歌咏的内容，有的诗"兴"兼有发端与譬喻的双重作用，所以"比兴"常联用，指诗歌有寄托之意。

比兴手法最早出现在《诗经》。《关雎》"关关雎鸠，在河之洲。窈窕淑女，君子好逑"，就是以河洲上关雎和鸣"兴"起"窈窕淑女"是"君子好逑"，因为二者在意义与气氛上有关联处，又接近于"比"。《诗经》中的比兴只是一首诗中的片段，大都比较单纯，往往是触景生情，或是简单的比喻和联想，比兴之物多为人们熟悉的自然物。而屈原《离骚》把比兴之物如草木鱼虫鸟兽和风云雷电赋予生命，用以寄托诗人的思想感情，所谓"善鸟香草，以配忠贞；恶禽臭物，以比谗佞"，表现了诗人美好的精神世界。《离骚》中的比兴，形象本身多是虚构想象，开辟了后世"寄情于景""托物言志"的表现手法，使全诗生动形象，丰富多彩。

后世采用比兴手法的诗词很多，如汉乐府《孔雀东南飞》开头用"孔雀东南飞，五里一徘徊"起兴，使人们从美禽恋偶联想到夫妻分离，给全诗制造了一种悲剧氛围。《古诗十九首》中《迢迢牵牛星》借牛郎织女隔河相望而不能团聚，来比喻人间少妇饱受离愁的相思之情，哀婉动人而又含蓄蕴藉。

▎诗词游戏

填写诗词中所缺部分。

七	夕	今		看	
牵	牛	织	女		

相见欢

[南唐] 李煜

无言独上西楼，月如钩，

寂寞梧桐深院锁清秋。

剪不断，理还乱，是离愁，

别是一般滋味在心头。

关于作者

　　李煜（937—978）：字重光，号钟隐，五代时南唐国主，世称"李后主"。975年，南唐被北宋灭亡，李煜被押送到汴京，加封"违命侯"，过着以泪洗面的囚徒生活，宋太宗太平兴国三年（978）被毒死。李煜能诗文，善书画，通音律，尤以词的成就最高。作为亡国之君，李煜领受了人生的离愁别恨，并直率真挚地倾泻在词中，这使他的词达到了最高境界，被称为"千古词帝"。

作品赏析

　　词人内心深处隐藏着多少无法倾诉的孤寂凄婉，默默无语地独自登上西楼，仰视天空，缺月如钩。那残月经历了无数次的阴晴圆缺，见证了人世间无数的悲欢离合。俯视庭院，茂密的梧桐被锁在这高墙深院之中，忍耐了多少寂寞与凄凉！其实"锁"住的何止这满院的秋色，还有落魄的人、孤寂的心、思乡的情、亡国的恨，此景此情一个"愁"字怎能说完。

　　缺月、梧桐、深院、清秋，无不渲染出词人内心的孤寂之情。词人身为亡国之君，荣华富贵已成过眼烟云，他尝尽了人间冷暖、世态炎凉。然而丝长了可以剪断，丝乱了可以整理，而那千丝万缕的"离愁"却是"剪不断，理还乱""别是一般滋味在心头"。全词情景交融，感情沉郁，表现了词人深重的亡国之痛。

诗词游戏

　　填写诗句的下一句。

我	寄	愁	心	与	明	月

闻王昌龄左迁龙标遥有此寄° ［唐］李白

杨花落尽子规啼，

闻道龙标过五溪°。

我寄愁心与明月，

随君直到夜郎西°。

注释

○ 左迁：贬官、降职。龙标：唐代县名，在今湖南黔阳，诗中指被贬为龙标尉的王昌龄。

○ 五溪：武溪、巫溪、酉溪、沅溪、辰溪的总称，在今湖南西部、贵州东部。

○ 夜郎：此处所说的"夜郎"在今湖南怀化境内。

关于作者

李白：作者介绍见其诗《古朗月行》。

作品赏析

天宝年间，王昌龄被贬为龙标尉，李白写下此诗，以示对朋友不幸遭遇的同情和关心。首句描写了春光消逝的萧条景况，渲染了黯淡、凄楚的气氛：杨花落尽了，杜鹃声声啼叫使人倍感凄凉哀伤。次句写王昌龄赴任路途的险远：突然听说友人被贬偏远之地，而且要途经险要的五溪，更是使人愁上加愁，表明诗人对友人远谪的关切与同情。三、四两句寄情于景，表达了对朋友由衷的劝勉：由于相距遥远，不能亲赴问候，于是诗人将自己的"愁心"托付给相照两地的明月，让明月把自己的宽慰捎给友人，陪伴友人一直到贬官任所。

全诗选取杨花、子规、明月与清风等意象，营造出朦胧而奇特的意境，表达了诗人对王昌龄怀才不遇的惋惜与同情，情感强烈而婉转，韵味悠长。

知识延伸

成语"夜郎自大"的由来

据《史记·西南夷列传》记载，夜郎是我国西南部的一个小国，中心地带在今贵州西部或西南部，东到湖南新晃，南抵广西的玉林、南丹，云南的曲靖、陆良，北至川南一带。但与汉朝疆域相比，夜郎国的国土却很小，百姓也很少，物产更是少得可怜，相当于汉朝的百县之一。

夜郎王从来没离开过自己的国家，对大汉王朝缺乏了解，以为自己的国家是天下最大的。有一次，汉朝派使者来到夜郎，途中先经过夜郎的邻国滇国，滇王问使者："汉朝和我的国家比起来，哪个更大？"使者一听吃了一惊，没想到这么一个小国，竟然以为能与汉朝相比。更没想到的是，后来使者来到夜郎国，夜郎王竟然也不知天高地厚，问汉朝使者："汉朝和我国哪个更大？"

"夜郎自大"比喻骄傲无知的肤浅自负或自大行为。不过就当时的情况来看，夜郎国因山水阻隔，交通不便，妄自尊大也可以理解。

江南逢李龟年° ［唐］杜甫

岐王宅里寻常见°，

崔九堂前几度闻°。

正是江南好风景，

落花时节又逢君。

注释

○ 李龟年：唐朝开元、天宝年间的著名乐师，安史之乱后流落江南。

○ 岐王：即李范，唐睿宗李旦之子，唐玄宗之弟，酷爱文学，喜欢结纳文士。

○ 崔九：即殿中监崔涤，中书令崔湜之弟，为唐玄宗宠臣，常出入宫禁。

关于作者

杜甫：作者介绍见其诗《江畔独步寻花》。

作品赏析

唐代宗大历三年（768），杜甫离开蜀地，漂泊转徙。大历五年（770），杜甫来到湖南时，诗人在潭州（今湖南长沙）遇见乐师李龟年，老友相见五味杂陈。李龟年是诗人的旧友，唐玄宗年间红极一时的宫廷乐师，经常出入贵族豪门，安史之乱后流落江南，以卖艺为生。此诗抚今追昔，表现出诗人对开元盛世的怀念，对战乱动荡生活的厌倦，极具沧桑悲凉之感。

前两句回忆往昔，在开元全盛之日，杜甫初露头角，已为上层名流所推重，年轻的李龟年也负有盛名，恩遇极隆，二人自然是皇亲宠臣的座上常客，经常相识于岐王与宠臣崔涤的豪门大宅。"寻常见""几度闻"是歌舞升平时代的生活常态。后两句写大唐王朝已不再辉煌，国势日衰，往昔王公权贵为之倾倒着迷的诗人与乐师，如今竟然流落江湖。虽是"江南好风景"，但异乡逢故人的喜悦全被落花淹没。李龟年流落江南，诗人更居无定所，这么深沉的感慨竟不着一字，寄于言外。此诗是杜甫最后一首七绝，作诗当年就病逝于湘江舟中，因此被誉为"千秋绝调"。

文化常识游戏

看诗句，读对联，写出相关历史名人。

1.深思高举洁白清忠，汨罗江上万古悲风。（　　　　）

2.三顾频烦天下计，两朝开济老臣心。（　　　　）

3.犹留正气参天地，永剩丹心照古今。（　　　　）

答案见第 205 页

游子吟 °

［唐］孟郊

慈母手中线，游子身上衣。

临行密密缝，意恐迟迟归。

谁言寸草心，报得三春晖 °。

注释

○ 吟：诗歌的一种体裁。

○ 三春晖（huī）：三春指春天的孟春、仲春、季春；晖，阳光。

关于作者

　　孟郊（751—814）：字东野，湖州武康（今浙江德清）人，唐代著名诗人，作诗以苦吟著称，作不出诗则不出门，有"诗囚"之称。他与韩愈齐名，并称"韩孟"；又与贾岛齐名，人称"郊寒岛瘦"。

▎作品赏析

这是一首歌颂母爱的诗，亲切诚挚，感人至上。此诗通过回忆一个看似平常的临行前母亲缝衣的场景，赞扬了母爱的伟大与无私。

"谁言寸草心，报得三春晖"，诗人直抒胸臆，对母爱尽情讴歌：儿女像小小的草，母爱如春天的阳光，儿女怎能报答母爱于万一呢？这一悬绝的对比、形象的比喻，寄托着儿女对慈母发自肺腑的爱。

▎知识延伸

孟郊与他的《游子吟》

孟郊一生贫困潦倒，直到唐贞元十二年（796）46岁时，才考中进士。成进士后，他按捺不住内心的喜悦，写下《登科后》一诗："春风得意马蹄疾，一日看尽长安花。"成语"走马看花""春风得意"即源于此诗。

50岁时，孟郊获得溧阳县尉之职，将母亲接来共同生活，并写下了脍炙人口的《游子吟》。"谁言寸草心，报得三春晖"成为流传千古的歌颂母爱的名句，引起了无数读者的共鸣。

▎诗词游戏

填写诗句的下一句。

沉	舟	侧	畔	千	帆	过

第 203 页参考答案：屈原、诸葛亮、文天祥

酬乐天扬州初逢席上见赠

［唐］刘禹锡

巴山楚水凄凉地，二十三年弃置身。

怀旧空吟闻笛赋，到乡翻似烂柯人。

沉舟侧畔千帆过，病树前头万木春。

今日听君歌一曲，暂凭杯酒长精神。

注释

○ 乐天：指白居易，字乐天。

○ 巴山楚水：刘禹锡被贬夔（kuí）州、朗州、和州等地，其中夔州古属巴郡，多山；朗州古属楚地，多水，故用巴山楚水来概指被贬之地。

○ 弃置身：指诗人自己遭受贬谪。

○ 闻笛赋：指西晋向秀所作的怀念故人的《思旧赋》。刘禹锡借此追忆逝去的友人王叔文、柳宗元等人。

○ 烂柯人：据南朝梁任昉（fǎng）《述异记》记载，晋人王质上山砍柴，看见两个童子对弈，停下观局，待局终时，手中的斧柄（柯）已经朽烂，回到村里，才知道已过了百年，同代人都已亡故。诗中借指世事沧桑，人事全非。

○ 长（zhǎng）：增加，振作。

▍关于作者

刘禹锡：作者介绍见其诗《浪淘沙》。

▍作品赏析

这是诗人为答谢白居易而写的赠诗。唐敬宗宝历二年（826）冬，诗人罢官回洛阳，与同被罢官的白居易在扬州相逢，受到当地节度使的宴请，席间白居易作《醉赠刘二十八使君》一诗，为长期被贬的诗人鸣不平。诗人忆及往事，感慨万千，写下此诗。

　　首联概写诗人谪守巴楚历尽劫难的经历：诗人被贬到凄凉的巴山楚水一带，已经二十三年了，在此期间无人问津，如同被世人抛弃一样。颔联感叹旧友凋零，今昔异貌：怀念朋友而不能相见，无奈之下只能空吟向秀的《思旧赋》；回到故乡，如同烂柯人王质返乡，有一种恍如隔世的感觉，内心充满无比的伤感。颈联是传诵千古的名句，诗人虽然屡屡不得意，但并没有因为命运坎坷而消沉，反而以沉舟侧畔中有千帆竞发、病树前头有万木争春来激励自己，表现出豁达的情怀，并对未来充满信心。尾联顺势而下，请友人白居易举杯痛饮，开怀高歌，借以振奋精神。

　　全诗感情真挚，惆怅而不颓废，沉郁中见豪放，在写作手法上将诗情、画意、哲理熔于一炉，以形象的画面表现抽象的哲理，旨趣隽永，是答谢诗中的佳作。"沉舟侧畔千帆过，病树前头万木春"寄寓了新陈代谢的进化思想和辩证看待自身困厄的豁达胸怀，千古传唱。

夜雨寄北　　［唐］李商隐

君问归期未有期，

巴山夜雨涨秋池。

何当共剪西窗烛，

却话巴山夜雨时。

注
释

○ 巴山：指大巴山，泛指
　 巴蜀一带。
○ 何当：什么时候才能。

关于作者

　　李商隐（约813—约858）：字义山，号玉谿（xī）生，又号樊南生，怀州河内（今河南沁阳）人，祖辈迁荥（xíng）阳（今河南荥阳），晚唐著名诗人。其诗作成就很高，与杜牧并称"小李杜"，又与温庭筠并称"温李"。

　　其诗构思新奇，风格浓丽，尤其是一些爱情诗和无题诗写得缠绵悱恻，优美动人，广为传诵，但有些诗歌过于隐晦迷离，著有《李义山诗集》。

作品赏析

　　这是一首借景寓情的抒情诗，诗人身居异乡巴蜀，思念远在长安的妻子而作此诗。

　　一个秋风萧瑟的夜晚，秋雨淅淅沥沥下个不停，涨满了秋池，雨雾弥漫在巴山的夜空。诗人收到远方妻子的来信，信中盼望丈夫早日回归故里，询问何时是归期。诗人何尝不希望早日回家团聚呢？

　　但何时才能回到家乡，我们在西窗下一边剪烛，一边谈心，那时我再对你诉说今夜客居巴山，听着绵绵夜雨的寂寞与思念！

　　多么温馨动人的场面，但归期未定的现实苦闷与此形成鲜明对比，表现出诗人的无可奈何。"巴山夜雨""西窗话雨""西窗剪烛"已成为描写思念之情的成语。

诗词游戏

　　填写诗句的下一句。

春	蚕	到	死	丝	方	尽

无 题°

[唐]李商隐

相见时难别亦难，

东风无力百花残°。

春蚕到死丝方尽°，

蜡炬成灰泪始干。

晓镜但愁云鬓改°，

夜吟应觉月光寒。

蓬山此去无多路°，

青鸟殷勤为探看°。

注释

○ 无题：指李商隐所作的《无题》诗中的一首，大多为恋情诗。

○ 残：花朵凋落。

○ 丝：取与"思"字谐音之意。

○ 晓镜：指早晨梳妆照镜子。云鬓：指年轻女子的秀发。

○ 蓬山：即蓬莱山，传说中的海上仙山，借指所思女子的住处。

○ 青鸟：古代神话中西王母的信使。

关于作者

李商隐：作者介绍见其诗《夜雨寄北》。

作品赏析

此诗首联写诗人与情人聚散两依依，相见不易，离别时更加难舍难分，而两个承受分别之苦的恋人又偏逢暮春时节，百花凭借春风之力盛开，春风力竭则群芳凋谢。颔联以象征手法写自己的痴情与九死不悔的爱情追求。这里既有失望的痛苦悲伤，又有缠绵执着的追求，追求是无望的，但无望中仍要追求。颈联是诗人想象情人的相思之苦。诗人细腻描写对方的愁苦，可见他对女子体贴入微，更加显示出诗人感情的深挚。尾联写诗人思念深切，燃起相会的渴望，但相会无望，于是只好请使者青鸟殷勤致意。

知识延伸

李商隐诗词名句

1. 春蚕到死丝方尽，蜡炬成灰泪始干。——《无题》
2. 沧海月明珠有泪，蓝田日暖玉生烟。——《锦瑟》
3. 芭蕉不展丁香结，同向春风各自愁。——《代赠二首》
4. 天意怜幽草，人间重晚晴。——《晚晴》
5. 身无彩凤双飞翼，心有灵犀一点通。——《无题》
6. 夕阳无限好，只是近黄昏。——《乐游原》
7. 芳心向春尽，所得是沾衣。——《落花》

诗词游戏

填写诗句的上一句。

却	话	巴	山	夜	雨	时

嫦　娥　　　〔唐〕李商隐

云母屏风烛影深°，

长河渐落晓星沉°。

嫦娥应悔偷灵药，

碧海青天夜夜心。

注释
○ 云母屏风：镶嵌着云母石的屏风。
○ 长河：银河。

▎关于作者

李商隐：作者介绍见其诗《夜雨寄北》。

▎作品赏析

嫦娥是古代神话中的月宫仙女，后羿向西王母要来不死之药，嫦娥偷来吃下奔向月宫。此诗表面吟咏嫦娥，实际上歌咏幽居寂寞、终夜不眠的人间女子。前两句描绘主人公的生活环境和永夜不寐的情景。室内烛光越来越暗，云母屏风上笼罩着深深的暗影，居室越发显得空寂清冷；室外银河逐渐西移垂地，点缀在天宇的寥落晨星，还有一轮孤月默默陪伴着寂寞的主人公，在冷屏残烛、青天孤月中，她度过了一个不眠之夜。孤居广寒宫、寂寞无伴的嫦娥，其处境和心情不正和诗人相似吗？后两句诗人想象，嫦娥一定懊悔当初偷吃了不死之药，以致年年夜夜，幽居月宫，面对碧海青天，寂寥之情难以排遣。此诗与其说是对嫦娥处境与心情的深情体贴，不如说是诗人内心寂寞的独白。

▎知识延伸

汉武帝求仙

追求长生不老是中国人的人生理想，求得不死之药是许多帝王梦寐以求的事情。汉武帝虽然雄才大略，但是他热衷于敬神求仙，由于皇帝的倡导，汉代求仙之风大盛，规模与声势远远超过前代，就是秦始皇也难以比及。方士公孙卿声称，在河南猴（hóu）氏城发现仙人踪迹，汉武帝为了候仙，竟然下令各郡国修路，各名山修造宫观，以求神仙降临。

后来，汉武帝在甘泉修建"通天台"，通天台高三十丈，离长安二百里就能望见长安城的通天台。汉武帝还扩建建章宫，宫殿千门万户，完全可以和秦始皇的阿房宫媲（pì）美，里面有各种各样的宫观楼台，还有太液池，池中建有"蓬莱、方丈、瀛（yíng）洲"等神山，建章宫的神明台、井榦（gān）楼，高50余丈，以便于神仙下凡。

清平乐

［宋］黄庭坚

春归何处？寂寞无行路。若有人知春去处，唤取归来同住。　　春无踪迹谁知？除非问取黄鹂。百啭无人能解°，因风飞过蔷薇°。

注释

○ 啭（zhuàn）：鸟儿婉转鸣叫。

○ 因风：借着风势。因，凭借。蔷薇：落叶灌木，茎有刺，多栽培以供观赏，其花、果、根可供药用或制作香料。

▌关于作者

黄庭坚（1045—1105）：字鲁直，号山谷道人、涪（fú）翁，洪州分宁（今江西修水）人，北宋诗人、词人、书法家，为盛极一时的江西诗派开山之祖。治平四年（1067）进士。历官著作佐郎、秘书丞、涪州别驾等。诗歌方面，他出于苏轼门下，为"苏门四学士"之一，又与苏轼齐名，世称"苏黄"；书法方面，他与苏轼、米芾、蔡襄并称为"宋四家"。

▌作品赏析

这首词为惜春、恋春的佳作，以清新细腻的语言，抒发了词人对美好春光的珍惜、热爱以及对美好事物的执着追求。词人不知春归何处，因此一心向人请教，他希望有人知道春天的去处，唤春回来，与春同住。但无人知道春的去处，词人因为春的无处寻觅而感到寂寞。这样的奇想，使词人的惜春之情跃然纸上，呼之欲出。

词人从幻想中回到现实世界，知道春天不可能被唤回来，但他仍存一线希望，希望黄鹂能知道春天的踪迹。黄鹂不住地婉转啼叫，打破了四周的寂静，但词人不懂黄鹂婉转的叫声是何意，仍然得不到解答，心头的寂寞更为沉重了，只见黄鹂趁着风势飞过蔷薇花丛。蔷薇花开意味着夏季已经来临。词人终于清醒过来：春天确实回不来了。此词所写的惜春之情，用笔委婉曲折，构思精妙，创造出优美的意境。全词俏丽新颖，婉转含蓄。

▌文化常识游戏

看诗句，读对联，写出相关历史名人。

1. 翁去八百载，醉乡犹在；山行六七里，亭影不孤。（   ）

2. 四面湖山归眼底，万家忧乐在心头。（   ）

3. 载酒江湖，人比黄花更瘦；校碑栏槛，梦随玉笛俱飞。（   ）

答案见第 225 页

生活篇共收录19首诗词，以优美的笔调，描写了天真烂漫的儿童生活，悠闲惬意的文人雅士生活，还有为生存而辛苦奔波的劳动者的生活。

　　比如，白居易《池上》描写儿童偷偷采莲时的嬉戏玩乐，勾画出一幅饶有趣味的幼童采莲图，充满天真的童趣；陶渊明《饮酒》描写诗人归隐田园后悠闲自得的生活；与文人雅士的悠闲生活相比，下层劳动人民的生活更多的是苦涩与不平。李绅的两首《悯农》描写农民"汗滴禾下土"的艰辛生活，但"四海无闲田，农夫犹饿死"的悲惨境况更是令人感到不平！

采菊东篱下

生活篇

池　上　[唐]白居易

小娃撑小艇，
偷采白莲回。
不解藏踪迹，
浮萍一道开。

关于作者

白居易：作者介绍见其诗《钱塘湖春行》。

▌作品赏析

　　此诗为白居易被贬江州司马时所作，描写儿童日常生活的嬉戏玩乐，充满孩童的天真烂漫，表达了诗人对生活的热爱和追求。

　　诗人以神来之笔，刻画出儿童日常生活的别样趣味：孩童们瞒着家人，偷偷划船到水中采莲，满载而归后兴奋不已，忘记掩盖自己偷跑出来的踪迹，划着小船在连片的绿色浮萍中划出一道水痕，使自己的行为暴露无遗。诗人准确捕捉到了孩童偷玩时那瞬间的窃喜心情，勾画出一幅饶有趣味的幼童采莲图。全诗充满天真的童趣，具有浓郁的生活气息，并以雅俗共赏的语言，将人物形象刻画得栩栩如生，呼之欲出。

▌知识延伸

金圣叹巧用双关对对联

　　金圣叹是明末清初著名的文学家、文学批评家，顺治十八年（1661），因"抗粮哭庙"案而被处斩。他乐观、豁达，对生死非常淡然。行刑前金圣叹的儿子梨儿、莲子望着父亲，泪如泉涌。但金圣叹文思敏捷，泰然自若地说："哭有何用，我出对联你来对。"接着随口说出上联"莲子心中苦"，儿子肝胆欲裂，哪有心思对对联。金圣叹稍加思索说出下联"梨儿腹内酸"。旁听的人无不为之动容。上联"莲"与"怜"同音，意思是他看到儿子悲伤而深感怜悯；下联"梨"与"离"同音，意思是自己即将与儿子诀别，心中无限酸楚。生死诀别之际，金圣叹字字珠玑，一语双关，可谓出神入化。

▌诗词游戏

　　填写诗句的上一句。

侧	坐	莓	苔	草	映	身

小儿垂钓

［唐］胡令能

蓬头稚子学垂纶°，侧坐莓苔草映身。

路人借问遥招手°，怕得鱼惊不应人。

注释
○ 蓬头：指头发乱蓬蓬的样子。稚子：年龄较小的孩子。
○ 借问：向别人询问事情。

关于作者

　　胡令能（785—826）：唐朝诗人，隐居圃田（河南中牟）。他的诗语言浅显而构思精巧，生活情趣很浓，现仅存七绝四首。

作品赏析

　　此诗以儿童日常生活为题材，刻画了一个稚气未脱的孩童在水边学钓鱼的情景，语言平实朴素，别有一番纯真无邪的趣味。

诗的前两句从孩童的外形下笔，描写垂钓孩童蓬头乱发，随意坐在长着青苔的岸边，茂密的杂草掩住了他幼小的身体，这一细致描写不仅凸显了环境的幽静，也表现出孩童初学垂钓的率真、自在与可爱。

诗的后两句在静谧环境的基础上，突然有路人发声"借问"，而孩童担心惊吓到水中的鱼儿，连忙招手示意，让来人上前附耳低语。这样，将一个专心垂钓又聪慧懂事的孩童形象描绘得真切传神。

此诗没有刻意的渲染与精心的打磨，用极为随性平实的语言，将一幅孩童垂钓图呈献给读者，流露出无限的童趣。

知识延伸

隐为"渔翁"的世外高人

垂钓本是人类捕食的谋生手段，渔翁是农业生产中极为普通的职业，但许多世外高人多以渔翁身份隐居，最为典型的是姜太公与严子陵。

相传姜太公被周文王重用之前，在渭水之滨用没有鱼饵的直钩钓鱼。文王知道这是位隐居的世外高人，因而加以重用，后来就有了"姜太公钓鱼——愿者上钩"的歇后语。

东汉高士严子陵与光武帝刘秀是同学，非常有才华，刘秀做了皇帝，多次征召他，还与他同榻而眠。但严子陵不愿做官，隐居山野，反披羊裘（qiú），在富春江上垂钓，终老于山林。严子陵成为后世传颂的不慕权贵、追求自由的榜样。在文人墨客的笔下，渔翁多是不慕权贵、隐逸山林的高士形象。

诗词游戏

填写诗句的上一句。

浮	萍	一	道	开

稚子弄冰 ° ［宋］杨万里

稚子金盆脱晓冰，

彩丝穿取当银钲 °。

敲成玉磬穿林响 °，

忽作玻璃碎地声。

注
释
○ 稚子：年龄较小的孩子。
○ 钲（zhēng）：古代行军时的打击乐器，有柄，形状像钟，但比钟狭而长，多用铜制成。
○ 磬（qìng）：古代打击乐器，形状像曲尺，用玉、石制成，可以悬挂在墙上。

▍关于作者

杨万里：作者介绍见其诗《晓出净慈寺送林子方》。

▍作品赏析

稚子弄冰，就是小孩子玩冰，场景非常简单：小孩子清早起来，忙着从夜里结有坚冰的铜盆里剜出一整块冰，用彩丝穿起当作玉钲来敲。正在他得意时，忽然冰落地上，发出玻璃碎裂一般的声音。这样简单有趣的场景，被诗人描绘得具有无穷的乐趣。诗人以老者的眼光来观察，使孩童的稚气与老者的童心未泯相映成趣，展现了充满快乐的生活图景。

宿新市徐公店 ○　　　〔宋〕杨万里

篱落疏疏一径深 ○，

树头新绿未成阴。

儿童急走追黄蝶，

飞入菜花无处寻。

注释

○ 新市：今浙江德清新市镇，宋代为酿酒中心，故以佳酿闻名。徐公店：徐
姓人家开的酒店。诗人迷恋美酒，畅饮大醉，后留住酒家徐公店以成此诗。

○ 篱落：即篱笆。疏疏：稀疏。

▎关于作者

杨万里：作者介绍见其诗《晓出净慈寺送林子方》。

▌作品赏析

　　此诗描写了诗人在徐公店住宿时所见的景象。诗的前两句从静态的"篱""径""树"等自然景物入手：在稀疏的篱笆旁边，一条小路通向远方；树上的花已凋落，但刚长出来的叶子还未能形成树荫。后两句诗人的视线转移到追逐蝴蝶的儿童身上，侧重描写对象的动态美：孩子们欢快地奔跑着，追逐着翩翩飞舞的黄色蝴蝶，可是蝴蝶飞到金灿灿的油菜花丛中，就再也找不到了。

▌知识延伸

杨万里诗词名句

1. 小荷才露尖尖角，早有蜻蜓立上头。——《小池》

2. 接天莲叶无穷碧，映日荷花别样红。——《晓出净慈寺送林子方》

3. 正入万山圈子里，一山放过一山拦。——《过松源晨炊漆公店》

4. 年年不带看花眼，不是愁中即病中。——《伤春》

5. 天公支予穷诗客，只买清愁不买田。——《戏笔》

6. 落红满路无人惜，踏作花泥透脚香。——《小溪至新田四首》

▌诗词游戏

　　填写诗句的上一句。

忽	然	闭	口	立

第 215 页参考答案：欧阳修、范仲淹、李清照

所　见

［清］袁枚

牧童骑黄牛，歌声振林樾°。
意欲捕鸣蝉，忽然闭口立。

注释

○ 林樾（yuè）：指道旁成荫的树。

▌关于作者

　　袁枚（1716—1798）：字子才，号简斋、随园，晚年自号仓山居士、随园主人，浙江钱塘（今杭州）人，清代著名诗人、散文家。乾隆四年（1739）进士，历任溧（lì）水、江宁知县。袁枚与赵翼、蒋士铨并称为"乾隆三大家"。

作品赏析

这是一首充满童趣的五言绝句，诗人以轻松幽默的笔调写出牧童放牛时轻松愉悦的心态。诗的一、二句写牧童高坐牛背上，放声于林间唱歌的动态，刻画出牧童此时轻松、快活的心情。三、四句描画了牧童为了捕捉"鸣蝉"，屏住呼吸、专注不动的神情。

整首诗从动到静，写得既倏（shū）忽突然又自然而然，把牧童天真活泼、率真可爱的形象描绘得淋漓尽致。在诗的最后，诗人还为读者留下无限的想象空间：牧童怎样捕蝉？最终捕到没有？之后他又干了什么？这使整首诗余味无穷，充满遐想。

知识延伸

袁枚与随园

袁枚是一个非常有生活情趣的人，他钟爱金陵的灵秀之气，任江宁县令时，在江宁小仓山下购得织造园，命名为随园。袁枚加以整饬修缮，使随园景色颇具诗情画意。在《杂兴诗》中，袁枚这样描写随园景致："造屋不嫌少，开池不嫌多。屋少不遮山，池多不妨荷。游鱼长一尺，白日跳清波。知我爱荷花，未敢张网罗。"袁枚在令人心驰神往的随园中怡然自得，不再有出仕做官的念头。随园四面无墙，每逢佳节丽日，往往游人如织，袁枚任其往来，在门联上写道："放鹤去寻三岛客，任人来看四时花。"

诗词游戏

填写诗句的上一句。

飞	入	菜	花	无	处	寻

村　居　　　　　[清]高鼎

草长莺飞二月天，

拂堤杨柳醉春烟°。

儿童散学归来早，

忙趁东风放纸鸢°。

注
释

○ 春烟：春天湖泽、草木间蒸发形成的烟雾般的水汽。

○ 纸鸢（yuān）：一种纸或绢做成的形状像老鹰的风筝，此处泛指风筝。
　鸢，老鹰。

▌关于作者

高鼎：生卒年不详，字象一，又字拙吾，仁和（今浙江杭州）人，清代后期诗人。他生活在鸦片战争之后，大约在咸丰年间（1851—1861），著有《拙吾诗稿》。

▌作品赏析

诗人晚年遭受议和派的排斥和打压，怀着郁闷的心情客居上饶乡村，见到初春万物复苏的景象和放学后孩童放风筝的情景，受到田园静谧欢乐氛围的感染，有感于内心的喜悦而作此诗。

江南的早春二月，草木萌发，黄莺飞舞；翠绿柔长的柳枝随风摇曳，轻拂过堤岸，那水泽和草木之间蒸腾出的水汽，如烟如雾令人沉醉。早早放学的孩童一心想趁着春风吹拂，放飞各自的风筝。一群天真烂漫的儿童，奔跑着放飞手中的纸鸢，把江南的春光点缀得更加生机盎然。全诗字里行间流露出诗人对春天来临的喜悦和赞美之情。

▌知识延伸

古代风筝

古代风筝起源于春秋时期，相传墨子将木头制成木鸟，这是人类最早的风筝。后来，鲁班改进墨子的风筝材质，用竹子制成像今天一样的多线风筝。南北朝时期，风筝成为传递信息的工具。隋唐时期，民间开始用纸来裱（biǎo）糊风筝，称为"纸鸢"。到了宋代，放风筝成为人们喜爱的户外活动。明代已出现扎风筝的艺人，清代随着放风筝习俗的流行，风筝艺术达到鼎盛。

▌诗词游戏

填写诗句的上一句。

悠	然	见	南	山

饮 酒（其五）

［东晋］陶渊明

结庐在人境°，而无车马喧°。

问君何能尔°？心远地自偏°。

采菊东篱下，悠然见南山°。

山气日夕佳°，飞鸟相与还°。

此中有真意°，欲辨已忘言°。

注释

○ 结庐：建造房舍。人境：指人聚居的喧闹尘世间。

○ 车马喧：车马的喧闹声，指世俗的交往。

○ 君：陶渊明自谓。尔：如此，这样。

○ 心远：心境远离世俗。

○ 悠然：闲适的样子。

○ 山气：指山间的云气。日夕：傍晚。佳：美好。

○ 相与：相交，结伴。

○ 真意：指人生的真正意义。

○ 辨：分辨。言：名词作动词，用言语表达。

关于作者

陶渊明（约365—427）：一名潜，字元亮，号五柳先生，私谥靖节，浔（xún）阳柴桑（今江西九江）人。出身东晋没落的仕宦家庭，曾做过彭泽令，但当时门阀制度盛行，政治黑暗，他不愿为五斗米折腰，回乡隐居。

陶渊明是我国杰出的田园诗人，田园生活是他诗歌的主要题材，后世称其为"百世田园之主，千古隐逸之宗"，著有《陶渊明集》。

作品赏析

陶渊明《饮酒》组诗共有20首，多为诗人饮酒之后所写，而非一时之作，本篇为第五首。此诗以情为主，融情入景，写出诗人归隐田园后，生活悠闲自得的心境。

起首四句，写诗人虽然在人世间造屋居住，却不受尘俗车马之喧的烦扰，语言自然平淡，满含着诗人对官场仕途的厌恶和对田园生活的赞美之情。诗人对这一生活状况的解释是，他认为只要"心远"，无论实际上的住宅是否偏远，都会达到心灵的宁静。

接下四句信手拈出诗人田园生活的场景。诗人悠闲地采菊东篱，怡然自得地抬起头，看见悠远的南山在黄昏中，一层淡淡的暮霭笼罩着山景，飞鸟相与结伴，飞返山林，万物自由自在，适性而动，正像诗人摆脱官场束缚一般。

此时，诗人倾听着大自然美妙的音响，观赏着大自然美妙的画面，悟出了自然界和人生的真谛，但又感到无法用语言表达，当然也无须用语言表达，这大概就是一种人生境界吧！诗人陶然欲醉，诗意深醇，却又融和冲淡，天然美妙，遂被千古传唱！

知识延伸

"陶菊"、"东篱"与"三径"意象

菊花有幽幽袭人的清香，有安贫乐道、不慕荣华的君子气质，因此它作为傲霜之花而深受世人的偏爱，成为孤标亮节、高雅傲霜的象征。

陶渊明独爱菊花，他在庭院栽菊，在高山赏菊，每有闲暇便饮酒赏菊。陶渊明的诗歌描写菊花最多，有"芳菊开林耀，青松冠岩列""秋菊有佳色，裛（yì）露掇其英"等。"采菊东篱下，悠然见南山"已成千古绝唱。

菊花的品性已和陶渊明的人格交融为一，菊花几乎成了陶渊明的化身，因此后人称陶渊明为"菊圣"，把菊花称作"陶菊"。就连"东篱"一词，也象征着远离尘俗、洁身自好的品格。

"三径"意象源自汉代隐士蒋诩。史载，蒋诩因不满王莽专权而回归故里，以荆棘堵塞门口，但在房前曾开辟三条小径，唯有求仲、羊仲二人与他一同游历，后人以"三径"指代归隐者的家园。如陶渊明《归去来兮辞》"三径就荒，松菊犹存"，苏轼《次韵周邠（bīn）》"南迁欲举力田科，三径初成乐事多"，辛弃疾《沁园春·带湖新居将成》"三径初成，鹤怨猿惊，稼轩未来"，王夫之《绝笔诗》"荒郊三径绝，亡国一臣孤。霜雪留双鬓，飘零忆五湖"。这些诗中的"三径"皆由此而来。

诗词游戏

填写诗句的下一句。

草	长	莺	飞	二	月	天

行路难（其一）

[唐]李白

金樽清酒斗十千°，玉盘珍羞直万钱°。
停杯投箸不能食°，拔剑四顾心茫然。
欲渡黄河冰塞川，将登太行雪满山。
闲来垂钓碧溪上，忽复乘舟梦日边°。
行路难，行路难，多歧路，今安在？
长风破浪会有时，直挂云帆济沧海°。

注释

○ 樽（zūn）：古代盛酒器具。斗十千：一斗值十千钱（即万钱），形容酒美价高。
○ 珍羞：珍贵的菜肴。羞，同"馐"，美味的食物。直：同"值"，价值。
○ 箸：筷子。
○ "闲来"两句：吕尚（姜子牙）遇周文王得以重用之前，曾在渭水之滨垂钓；伊尹曾梦见乘船从日月旁边经过，后被商汤重用，助商灭夏。
○ 云帆：形容船帆很高。济：渡过。

关于作者

李白：作者介绍见其诗《古朗月行》。

作品赏析

　　唐玄宗天宝元年（742），李白奉诏入京，担任翰林供奉，本以为会干一番大业。可他未被重用，两年后被"赐金放还"。诗人作此诗时，正处郁郁不得志时。朋友为李白的弃置不用而惋惜，设下盛宴为其饯行。面对朋友的一片盛情与美酒佳肴，李白没有"一饮三百杯"，而端起酒杯又放下，拿起筷子又放下。他拔出宝剑举目四顾，心绪一片茫然。停、投、拔、顾四个连续动作，显示出诗人内心的苦闷。

　　接着正面写"行路难"，用"冰塞川""雪满山"象征人生道路上的艰难险阻，具有比兴的意味。诗人抱负远大但不被重用，以"赐金放还"被变相撵出长安，不就是冰塞黄河、雪拥太行吗？诗人忽然想到姜尚与伊尹，他们的仕途开始并不顺利而最终大有作为：姜尚垂钓渭水，得遇周文王；伊尹在受商汤重用前梦见自己乘舟经过日月之旁。想到古人的遭遇，诗人又增加了信心。几声嗟叹后，诗人发出了"长风破浪会有时，直挂云帆济沧海"的豪情壮志。

茅屋为秋风所破歌

［唐］杜甫

八月秋高风怒号，卷我屋上三重茅。茅飞渡江洒江郊，高者挂罥长林梢°，下者飘转沉塘坳°。

南村群童欺我老无力，忍能对面为盗贼。公然抱茅入竹去，唇焦口燥呼不得，归来倚杖自叹息。

俄顷风定云墨色°，秋天漠漠向昏黑。布衾多年冷似铁°，娇儿恶卧踏里裂。床头屋漏无干处，雨脚如麻未断绝。自经丧乱少睡眠°，长夜沾湿何由彻°！

安得广厦千万间，大庇天下寒士俱欢颜°！风雨不动安如山。呜呼！何时眼前突兀见此屋°，吾庐独破受冻死亦足！

注释

○ 挂罥（juàn）：挂着，缠绕。罥，挂。
○ 塘坳（ào）：低洼积水的地方，即池塘。坳，水边低地。
○ 俄顷：一会儿，顷刻之间。
○ 布衾（qīn）：布质的被子。衾，被子。
○ 丧（sāng）乱：战乱，指安史之乱。
○ 何由彻：如何挨到天亮。彻，彻夜，通宵。
○ 大庇（bì）：全部遮盖、掩护起来。庇，遮盖，掩护。寒士：泛指贫寒的士人。俱：都。欢颜：喜笑颜开。
○ 突兀：高耸的样子，用来形容广厦。见（xiàn）：同"现"，出现。

关于作者

　　杜甫：作者介绍见其诗《江畔独步寻花》。

作品赏析

　　安史之乱期间，诗人避难蜀地，乾元三年（760）春天，在成都浣花溪边盖起一座茅屋，不料第二年八月，大风破屋，大雨接踵而至。诗人由自身遭遇联想到安史之乱以来百姓多难，长夜难眠，写下这一脍炙人口的诗篇。

　　全诗分为四层。开篇五句写面对狂风破屋的焦虑：诗人好不容易盖好茅屋，定居下来，而八月的秋风却像故意作对似的，怒吼而来，卷起层层茅草，怎能不使诗人万分焦急？一个"怒"字，把秋风拟人化，且富有浓烈的感情色彩。被风卷起的茅草随风飘过浣花溪，散落在对岸江边，有的缠绕在高高的树梢上，有的飘落在池塘和洼地里。诗人衣衫破旧，挂着拐杖，眼巴巴望着怒吼的秋风卷走屋上的茅草，对大风破屋深感焦灼和怨愤。

第二层五句写面对群童抱茅的无奈。南村的孩童们欺负诗人年迈无力，竟然忍心面对面做起盗贼！冒着狂风抱走那些茅草逃入竹林，诗人唇焦口燥呼喊不得，既然茅草无法收回，只得拄杖回家自己叹息。孩童不是十分困穷也不会抱走茅草，诗人不是潦倒，也不会这么沉痛！

接下来第三层八句，写遭受夜雨的痛苦：不一会儿，风停下来，乌云密布，密集的雨点从昏暗的天空洒向地面。诗人用饱蘸浓墨的大笔，渲染出暗淡的氛围，烘托出愁惨的心境。布被盖了多年，又破又硬，像铁一样冰凉。孩子睡觉不安稳，把被里子都蹬破了。成都的八月并不冷，由于屋漏床湿才感到冷，更何况诗人经历安史之乱的痛苦，战乱频仍，国家残破让他忧心忡忡，因此更难以入睡。屋破漏雨、布衾似铁的艰苦处境，写出诗人既盼雨停又盼天亮的迫切心情。

第四层六句写期盼广厦，将苦难加以升华。面对风雨飘摇的破屋，诗人期盼能有千万间"广厦"出现，广泛庇护天下贫寒的读书人，让他们开颜欢笑，房子在风雨中安稳如山！唉！何时眼前出现这样高耸的房屋，那时即使诗人的茅屋被秋风吹破，自己受冻而死，也心甘情愿！诗人从自己痛苦的生活体验中，迸发出奔放的激情和火热的希望，他的博大胸襟和崇高理想至此表现得淋漓尽致。

▎知识延伸

杜甫诗歌的艺术特色

杜甫的诗歌影响非常深远，被后人誉为"诗圣"，他的思想核心是儒家的仁政思想，有"致君尧舜上，再使风俗淳"的宏伟抱负。在诗歌内容上，题材广泛，寄意深远，大多反映当时的社会面貌，尤其描述民间疾苦，多抒发悲天悯人的仁民爱物、忧国忧民情怀，因此杜诗有"诗史"之称，到宋代已成定论。郭沫若参观杜甫草堂时，撰写对联："世上疮痍，诗中圣哲；民间疾苦，笔底波澜。"这些赞颂精辟地道出了杜甫诗歌的内容特色。

杜甫讲求炼字炼句，曾作"为人性僻耽佳句，语不惊人死不休"的诗句。杜诗的语言风格主要是沉郁顿挫、慷慨悲壮、反复低回，在叙事中夹杂议论抒情，感情激切，能够把错综的社会现实、复杂的思想感情写得形象生动、层次分明。杜甫有些诗歌篇幅虽长，但结构相当紧凑，语言洗练精确，概括力强。杜诗特有的叙事风格和议论风格，受到《诗经·小雅》的影响，而其慷慨悲歌的格调，又与屈原的《离骚》相近。

唐代文学家韩愈把杜甫与李白并论："李杜文章在，光焰万丈长"，宋代学者陈善《扪虱新语》认为，"老杜诗当是诗中《六经》，他人诗乃诸子之流也"，清代戏曲作家、文学家蒋士铨《忠雅堂文集》亦称"杜诗者，诗中之《四子书》也"。

诗词游戏

填写诗句的下一句。

长	风	破	浪	会	有	时

渔歌子°

〔唐〕张志和

西塞山前白鹭飞°，桃花流水鳜鱼肥°。　青箬笠°，绿蓑衣°，斜风细雨不须归。

注释

○ 渔歌子：曲调名，后人据以填词，又为词牌名。

○ 西塞山：在今浙江湖州西面，一说在湖北黄石。白鹭：一种白色的水鸟。

○ 桃花流水：桃花盛开的季节正是春水盛涨的时候，俗称桃花汛或桃花水。鳜（guì）鱼：江南又称"桂鱼"，肉质鲜美。

○ 箬笠（ruò lì）：用竹叶、竹篾（miè）编的宽边帽子，常作雨具。

○ 蓑（suō）衣：用草或棕编织成的雨衣。

关于作者

张志和：生卒年不详，初名龟龄，字子同，自号烟波钓徒，又号玄真子，婺州金华（今属浙江）人，唐代诗人。唐肃宗年间，张志和16岁来到京城"游太学"，取得国子学士的资格，一举明经擢（zhuó）第，可谓才华出众，少年得志，为唐肃宗特加奖掖（yè），任命为翰林待诏，还赐名"志和"给他，但时间不长，张志和就辞官返回金华。他生活简朴，常去水滨河溪效法姜太公无饵垂钓，过着逍遥的隐居生活。

作品赏析

这首词描绘了秀丽的水乡风光和理想化的渔人生活，寄托了词人向往自由，热爱自然的情怀。

"西塞山前"点明地点，闲适的白鹭在空中自由自在地飞翔，桃花盛开，江水猛涨，这一时节鳜鱼长得正肥，勾勒出优美的垂钓环境。三、四句写渔父头戴青色箬笠，身穿绿蓑衣，在斜风细雨中乐而忘归，表现出渔父悠闲自在的生活情趣。

这首词描绘了一幅二月桃汛期间春江水涨、烟雨迷蒙的图景，雨中青山，江上渔舟，空中白鹭，两岸桃红，气氛宁静而充满活力，反映了词人悠然脱俗、高远淡泊的思想意趣。

诗词游戏

填写诗句的上一句。

言	师	采	药	去

寻隐者不遇　　　　［唐］贾岛

松下问童子，言师采药去。

只在此山中，云深不知处。

关于作者

　　贾岛（779—843）：字浪仙，作阆仙，范阳（今河北涿州）人，唐代"苦吟派"诗人的代表人物。他早年出家为僧，名无本，自号"碣（jié）石山人"，一生不喜与常人往来，后受教于韩愈，还俗参加科举，但屡试不中。唐文宗时，他被排挤，贬为长江主簿（bù），世称"贾长江"；武宗时，他由普州司仓参军改任司户，未赴任病逝，著有《长江集》。

▎作品赏析

诗人采用寓问于答的表现手法，以自己和童子之间的一问三答作为写作内容，将自己访友不遇的焦急心情和对友人的关切之情描摹得生动逼真。在诗文的谋篇布局上，诗人锤字炼句，将原本三问三答的客仆对话，凝练为以答句包含问句的手法，精化为五言绝句。诗中所刻画的隐者鲜活生动，他以采药为生，隐逸于群山松林云雾之中，脱俗高雅，仙风道骨，令人敬重钦慕。诗人无缘与这一高人相遇畅叙，使其顿感怅（chàng）然若失，借此表达自己对隐者生活的向往。此诗构思巧妙，意境深远，读来韵味无穷。

▎知识延伸

"郊寒岛瘦"的由来

"郊寒岛瘦"是指中唐诗人孟郊和贾岛的诗风，二人作诗的风格凄清悲苦，讲究苦吟推敲，锤字炼句，往往给人以寒瘦窘迫之感。北宋苏轼正式以"郊寒岛瘦"评论孟郊和贾岛的诗风。孟郊46岁才考中进士，出任溧阳县尉，其诗《游子吟》为唐诗中的极品。孟郊的诗意境清冷，悲叹凄苦，以寒著称。贾岛喜欢苦吟作诗，大多描写荒凉、凄苦、孤寂的意境，自谓"两句三年得，一吟双泪流"。人们称孟郊为"诗囚"，称贾岛为"诗奴"。

▎诗词游戏

填写诗句所缺的部分。

青			，	绿		
				不	须	归

山居秋暝 °

[唐] 王维

空山新雨后，天气晚来秋。

明月松间照，清泉石上流。

竹喧归浣女 °，莲动下渔舟。

随意春芳歇 °，王孙自可留 °。

注释

○ 暝（míng）：日落，天色将晚。

○ 浣（huàn）女：洗衣女子。

○ 随意：任凭。春芳歇：春天的芳华凋谢了。歇：消散，消失。

○ 王孙：原指贵族子弟，后泛指隐居的人，此处指诗人自己。留：居。此处反用《楚辞·招隐士》："王孙兮归来，山中兮不可久留"句意。意为任凭春芳消散，王孙也可以久留，因为山中秋色迷人，同样使人流连忘返。

关于作者

王维：作者简介见其诗《鹿柴》。

作品赏析

王维精通诗歌、书画与音乐，其诗歌创作多融入绘画的艺术技巧，诗如画卷，浑然天成。《山居秋暝》是王维山水诗的名篇，描写了秋雨后傍晚时分山村的旖旎（yǐ nǐ）风光以及山居村民无忧无虑、淳朴美好的生活，表现了诗人寄情山水，怡然自得的满足心情。诗的开篇写初秋时节雨后山中的清幽景色，山雨初霁（jì），万物为之一新，初秋的傍晚空气清新，如同世外桃源的空山之中寂静无人。"明月松间照，清泉石上流"，皎皎明月在松林之间洒下清辉，清澈的泉水在山石上淙（cóng）淙流淌，犹如洁白无瑕的素练，在月光

下显得清幽明澈。"竹喧归浣女，莲动下渔舟"，远处竹林间传来浣纱女子归来的喧笑声，顺流而下的渔舟划破了荷塘月色的宁静。浣纱女隐在竹林，渔舟被莲叶遮蔽，因此隐而不见，等听到竹林喧笑声，看到莲叶纷披，才发现浣纱女与莲舟，这样描写更具真情实感，更富有诗情画意。空山如同世外桃源，诗人情不自禁地说："随意春芳歇，王孙自可留。"面对如此美景，诗人笔锋转折，猜想即使春天的芳菲已经消散也没有关系，因为秋色同样美丽迷人，值得留恋，因此王孙还是要留在山中自在的生活，寄托了诗人的高洁情怀和对理想生活的追求，平淡自然中可见诗人恬淡释然的心境。

此诗体现了王维"诗中有画，画中有诗"的艺术风格，松间明月的光照，石上清泉的叮咚，完美和谐地融为一体，体现了诗画一律的创作特点。雨歇云散，月光洒落，山泉淙淙，可谓以静见动，景中有情。"竹喧"是以听觉写景，而"莲动"是以视觉写景，诗人通过对山水的描绘寄情言志，含蕴丰富，耐人寻味。

知识延伸

古人论诗画关系

诗歌和绘画同为中国传统文化的两朵奇葩，虽然形式不同，但精神相通，在意境和表达思想方面是一致的。诗歌是诗人用文字写出来的画，而画作则是画家用笔墨画出来的诗，二者有着密不可分的关系。

关于诗与画的关系，古人多有论述，北宋文学家张舜民曾说："诗是无形画，画是有形诗。"大文豪苏轼说："诗画本一律，天工与清新。"唐代诗人王维既是诗人又是画家，被尊为山水画的南宗之祖和文人画之祖，他将诗歌创作和绘画融为一体，重在描绘田园生活的悠然野趣，创造了淡泊悠远的意境，有清新脱俗之感。正如苏轼所说："味摩诘之诗，诗中有画。观摩诘之画，画中有诗。"此语既是对王维山水诗成就的称赞，也是对诗与画关系的一种阐释。清代诗论家叶燮（xiè）总结道："故画者，天地无声之诗；诗者，天地无色之画。"

采莲曲

〔唐〕王昌龄

荷叶罗裙一色裁°，芙蓉向脸两边开。

乱入池中看不见°，闻歌始觉有人来。

注
释
　○ 一色：同一种颜色。裁：裁剪缝制。
　○ 乱入：杂入、混入。

关于作者

王昌龄：作者介绍见其诗《芙蓉楼送辛渐》。

作品赏析

此诗具有浓郁的江南民歌色彩，为读者呈现一幅优美的画面：十亩莲塘，荷花盛开，采莲少女在荷花丛中若隐若现，歌声四起，引人无限遐想。前两句采用衬托的手法，写出荷叶与采莲少女的罗裙一样绿，荷花与少女的

脸庞一样红,明写荷花之艳,实为衬托少女之美,巧妙地将采莲少女的俊俏与荷花荷叶的美丽融为一体。采莲少女本是这幅《采莲图》的主角,而诗人却自始至终没有直接描写,而是让她们夹在田田的荷叶、艳艳的荷花丛中,若隐若现,若有若无。后两句写采莲少女望而不见之际,荷塘中悠扬的歌声四起,这才令人恍然大悟,"始觉有人",却仍是闻歌而不见其人。全诗生动活泼,富于诗情画意,饶有生活情趣。

▌知识延伸

诗词的衬托手法

衬托是古典诗歌中常见的一种表现手法。衬托,也叫"映衬",是为了突出主要事物,先描写与之相关的其他事物作为陪衬的修辞。衬托分为正衬和反衬两种,反衬一般又包括动衬静、声衬寂、乐衬哀。

如李白《听蜀僧濬弹琴》"不觉碧山暮,秋云暗几重",写出了曲终时的景色和诗人沉醉于琴声之中的状态,侧面衬托出琴声的魅力。苏轼《阮郎归·初夏》"碧纱窗下水沉烟,棋声惊昼眠",以棋声衬托了周围环境的幽静。王维《鸟鸣涧》"人闲桂花落,夜静春山空。月出惊山鸟,时鸣春涧中",诗人通过花落、月出、鸟鸣这些"动"的景象衬托出青山、春涧的"静"。王昌龄《采莲曲》"荷叶罗裙一色裁,芙蓉向脸两边开",以衬托手法描写采莲少女之美;而白居易《采莲曲》却是运用直接描写的方法,来写采莲姑娘"逢郎欲语低头笑,碧玉搔头落水中",诗中一个欲言又止、含羞带笑的女子如在眼前,两种表现手法可谓各有千秋。

▌诗词游戏

补全古诗所缺部分。

敲	成	玉		穿	林	响
忽	作				地	声

清平乐·村居

[宋] 辛弃疾

茅檐低小，溪上青青草。醉里吴音相媚好°，白发谁家翁媪°？　　大儿锄豆溪东，中儿正织鸡笼。最喜小儿亡赖°，溪头卧剥莲蓬。

注释

○ 吴音：吴地的方言，诗人当时住在江西上饶带湖，此地方言为吴音。相媚好：指相互逗趣取乐。

○ 翁媪（ǎo）：老翁与老妇。

○ 亡（wú）赖：同"无赖"，指顽皮，淘气。

关于作者

辛弃疾：作者介绍见其诗《西江月·夜行黄沙道中》。

作品赏析

此词勾画了一幅栩栩如生、有声有色的乡村风俗画。上阕写在矮小的茅草屋旁边，有一条清澈照人的小溪，溪边长满了碧绿的青草，一对满头白发的老翁老妇坐在一起，一边亲热地喝酒，一边悠闲地聊天，满口吴音说着相互逗趣取乐的话。下阕采用白描手法，和盘托出老翁三个儿子的不同形象。大儿子是主要劳力，在溪东豆地里锄草，二儿子只能做辅助性劳动，在家里编织鸡笼，小儿子天真活泼，只知任性调皮玩耍，正躺卧在溪边剥莲蓬吃。

此词通俗易懂，刻画人物形象鲜明，意境耐人寻味，描写了乡村清新秀丽、朴素雅静的环境，表现出词人对乡村和平、宁静生活的喜爱。

悯　农°（其一）　[唐] 李绅

春种一粒粟，

秋收万颗子。

四海无闲田，

农夫犹饿死。

注释

〇 悯：怜悯，这里有同情的意思。

关于作者

　　李绅（772—846）：字公垂，无锡（今属江苏）人，唐高宗时中书令李敬玄曾孙，元和进士，唐武宗时为丞相，出任淮南节度使。他与元稹（zhěn）、白居易交游甚密，并共同倡导写作新乐府，所作《悯农》诗二首，妇孺皆知，千古传诵。

作品赏析

此诗仅用寥寥数笔，就为读者展示了古代农夫劳作的艰苦，以及遭受剥削压榨的残酷，是发人深省的佳作名篇。此诗通篇采用对比的修辞方法，开头两句以"春"与"秋"、"种"与"收"、"一"与"万"互相对比照应，表面看似写秋后丰收的景象，实际上表现了农夫常年劳作的辛苦。诗的后两句以"无闲田"与"犹饿死"对照，表达出当时社会的不公：虽然全国之内一片丰收的景象，而常年耕作的农夫依旧饥饿而死。

知识延伸

五谷和五谷粮食画

古代"五谷"所指的五种谷物，主要有两种说法：一种指稻、黍、稷（jì）、麦、菽（shū），另一种指麻、黍、稷、麦、菽。前者有稻无麻，后者有麻无稻。古代经济中心在黄河流域，稻主要产在南方，所以"五谷"中最初无稻。

五谷粮食画兴起于唐，简称"五谷画"或"粮食画"，是当时五谷丰登、国泰民安的真实写照。在佛教和道教规仪中，"五谷"地位极高，被视为夺天地之精华的吉祥物；民间则将"五谷"视为辟邪之宝，故用来作画。五谷粮食画的兴起，反映当时社会五谷丰登、国泰民安、民族统一与欣欣向荣的情形。

诗词游戏

填写诗句的上一句。

粒	粒	皆	辛	苦

悯 农（其二）

[唐] 李绅

锄禾日当午°，汗滴禾下土。

谁知盘中餐°，粒粒皆辛苦。

注
释
○ 日当午：指正午。
○ 餐：指饭食。

▌关于作者

李绅：作者介绍见其诗《悯农》（其一）。

▌作品赏析

唐朝诗人李绅青年时，时常目睹农夫辛苦劳作，却食不果腹，有感而写下这首朗朗上口、铿锵有力的诗篇。

农夫在烈日下劳作，汗水不停地往下流淌，一滴滴落在禾下土地上；谁又

知道自己盘中的餐饭，每一粒都饱含着农夫的辛苦？首句由"日当午"这一时间和"锄禾"这一动作组成，描绘出背着炙热的烈日辛苦劳作的农夫形象。

最后两句把视角转向劳作的成果——盘中餐，用疑问的语气来叙述，形成讽刺的效果。

知识延伸

秋风鲈脍

秋风鲈脍也称为"莼羹鲈脍"，是指西晋著名文学家张翰看到秋风吹起，思念家乡的莼羹、鲈鱼，其来历有着特殊的历史背景。张翰出身于官宦之家，父亲张俨是三国孙吴的大鸿胪（lú），后来东吴被西晋所灭，作为亡国之人的张翰虽然善写文章，但亡国之痛使他佯狂避世，很像曹魏时期放荡不羁的阮籍。阮籍曾经担任步兵校尉，世称"阮步兵"，因此时人称张翰为"江东步兵"。

齐王司马冏（jiǒng）久闻张翰的大名，聘他担任大司马东曹掾（yuàn）。张翰来到洛阳，当时，历史上著名的"八王之乱"一触即发，他看到朝政混乱，内乱外患，潜伏着政变的危机，为了躲避战祸，他想尽快回家。张翰是个聪明人，时近重阳，借宫中宴饮齐王酒醉之机，假托自己看到秋风起，思念故乡的菰菜、莼羹和鲈鱼脍。齐王一听有江南的下酒名菜，就马上应允他回乡的请求，还特地叮嘱别忘给自己捎点回来。筵席一散，张翰立刻动身回乡，不久齐王果然在皇族争斗中被杀。

现在"莼羹鲈脍"已引申为辞官回乡、追求自由生活的代名词。后来文人以"莼羹鲈脍""秋风鲈脍""莼鲈之思"借指思乡之情。

诗词游戏

填写诗句的下一句。

四	海	无	闲	田

卖炭翁

［唐］白居易

　　卖炭翁，伐薪烧炭南山中。满面尘灰烟火色，两鬓苍苍十指黑。卖炭得钱何所营？身上衣裳口中食。可怜身上衣正单，心忧炭贱愿天寒。夜来城外一尺雪，晓驾炭车辗冰辙。牛困人饥日已高，市南门外泥中歇。

　　翩翩两骑来是谁？黄衣使者白衫儿°。手把文书口称敕°，回车叱牛牵向北。一车炭，千余斤，宫使驱将惜不得。半匹红纱一丈绫°，系向牛头充炭直°。

注释

○ 黄衣使者：指皇宫内的太监。白衫儿：指太监手下的爪牙。
○ 把：拿。敕（chì）：皇帝的命令或诏书。
○ 半匹红纱一丈绫：唐代商品交易，可以用绢帛等丝织品代替货币。
○ 直：通"值"，价钱。

关于作者

　　白居易：作者介绍见其诗《钱塘湖春行》。

作品赏析

　　卖炭翁好不容易烧出一车炭，盼到一场大雪，一路上满怀希望，盘算着卖炭得钱，换取衣食，结果遇上皇宫使者，以"半匹红纱一丈绫"换走了千斤之

炭！卖炭翁从伐薪、烧炭、愿天寒、驾炭车、辗冰辙直到泥中歇的漫长过程中所盘算的一切、所希望的一切，全都化为泡影。

　　此诗在表现手法上灵活运用了陪衬和反衬：以"两鬓苍苍"突出年迈，以"满面尘灰烟火色"突出伐薪烧炭的艰辛。而这一切，正反衬出老翁希望之火的炽烈：卖炭得钱，买衣买食。老翁身上"衣正单"，却夜来"一尺雪"，路上辗出"冰辙"，使人感到老翁可怜，然而老翁却因为天寒炭贵，希望天更冷一些，这样就可以卖出高价，多换些衣食，这一反衬手法表现出老人的强烈希望。接下来"牛困人饥"之时，却来了"翩翩两骑"，以"半匹红纱一丈绫"换取"一车炭"，反衬出"宫市"掠夺的残酷。

　　就全诗来说，希望之火表现得越炽烈，越能反衬后面希望化为泡影的可悲可痛。此诗在矛盾冲突的高潮中戛（jiá）然而止，因而更含蓄有力，引人深思，扣人心弦。

知识延伸

唐代宫市

宫市在唐中宗时期已经存在，当时皇帝与皇后游幸玄武门，观看宫女拔河，还进行宫市游戏：在宫中设立市肆，令宰相公卿为商贾，派宫女购买物品，交易时进行争辩，让皇帝与皇后以为笑乐。至于宫市从何时由娱乐性质转变为专行物品采购，史载不详。不过到唐玄宗时，宫市已经是由官吏主管的直接为宫廷购买物品的机构。如果皇宫里需要什么物品，就到长安的东市和西市上去拿，随便给一点儿钱，实际上就是公开掠夺。

唐德宗时宫市发生很大变化，一是由原来朝廷命官吏主管，改为由宦官主管；二是在宫市交易中，交换不对等，变成一种封建掠夺，宫市的罪恶也暴露得最为集中。正如《卖炭翁》所言，一车千斤之炭，只得"半匹红纱一丈绫"，美其名曰购买交换，其实是一种变相掠夺。由于宫市盘剥敲诈，长安两市的商民备受其苦，货主、商贾避之不及，市场一片萧条景象。

诗词游戏

填写诗句的上一句。

不	是	养	蚕	人

江上渔者　　[宋]范仲淹

江上往来人，

但爱鲈鱼美。

君看一叶舟，

出没风波里。

注释

○ 但：只是，单单。鲈鱼：一种头大口大、体扁鳞细、背青腹白、味道鲜美的鱼。

▌关于作者

范仲淹（989—1052）：字希文，苏州吴县（今江苏苏州）人，北宋著名政治家、文学家，大中祥符八年（1015）进士，官至枢密副使，参知政事。范仲淹守边多年，采取"屯田久守"的方针，巩固西北边防，西夏称他"胸中自有数万甲兵"。

他曾主持"庆历新政"，开始精简官僚机构，科举考试以策论取士，破格提拔人才，全国普遍兴办学校，但不久新政失败。"先天下之忧而忧，后天下之乐而乐"是他一贯坚持的人生信念，卒谥文正，有《范文正公文集》传世。

▌作品赏析

此诗首句写江岸上人来人往，给读者设置了悬念；次句对首句做了解释，表明岸上人"往来"的原因是为了美味的鲈鱼。诗的后两句通过诗人的直接观察，指出风浪中若隐若现的捕鱼小船，正是在为这些"往来人"劳作。鲈鱼虽然味美，捕捉过程却危险重重。

此诗全篇都在运用对比的修辞，通过"江上"与"风波"两种环境、"往来人"与"一叶舟"两种情景、"往来"与"出没"两种动态的对比，加深了读者对捕鱼工作繁重危险的认识，从而反映了渔民劳作的困苦和艰险，表达了诗人对下层民众的深切同情，以及对"江上往来人"的善意规劝。

▌知识延伸

先天下之忧而忧的范仲淹

众所周知，"先天下之忧而忧，后天下之乐而乐"是范仲淹千古传诵的名言，也是他一生政治抱负的写照。范仲淹年幼家贫，但通过刻苦攻读，终于考中进士，步入仕途。他善于识人，注意提拔人才，北宋著名学者孙复、胡瑗（yuàn）、李觏（gòu）、张载、石介等人，都曾得到范仲淹的提携，或赠以金钱，或聘其讲学，或荐为学官，或指点治学。张载少年时喜欢谈兵，21岁时谒见范仲淹，范仲淹见他器识宏远，就对他说："儒者自有名教可乐，何事于兵？"劝他阅读《中庸》一书，后来张载成为宋明理学中关学的创始人。西夏崛起后侵犯北宋边境，52岁的范仲淹前去戍边。他胸中自有百万雄兵，屡次击退西夏人的侵犯，他注意民族团结，羌族老幼感恩戴德，称其为"龙图老子"。宋夏局势缓和后，范仲淹调回京城，升任参知政事。北宋机构臃肿，行政效率低下，内忧外患不断，他上书皇帝，提出十条改革建议。宋仁宗接受了建议，庆历新政拉开帷幕。范仲淹罢免一大批尸位素餐的官员，枢密副使富弼担心地说："您罢免他们，恐怕他们一家人都会痛哭！"范仲淹说："一家哭总比一路哭好！"庆历新政触动了权贵的既得利益，一年之后，宋仁宗宣布废除新政，范仲淹被贬邓州。此时滕子京请范仲淹为重修的岳阳楼作记，于是传诵千古的《岳阳楼记》问世。

▌诗词游戏

填写诗句的下一句。

可	怜	身	上	衣	正	单

蚕　妇　［宋］张俞

昨日入城市，

归来泪满巾。

遍身罗绮者°，

不是养蚕人。

注释

○ 罗绮：丝织品的统称，诗中代指丝绸做的衣服。

关于作者

　　张俞：生卒年不详，北宋文学家。字少愚，又字才叔，号白云先生，益州郫（pí）（今四川成都郫都区）人，祖籍河东（今山西）。科举屡试不第，因被推荐任秘书省校书郎，他愿把官位授给父亲而自隐于家。文彦博治蜀时，为他筑室青城山白云溪，著有《白云集》。

▌作品赏析

　　此诗虽短小精悍，却充满了诗人对当时社会的讽刺和批判，表现出诗人对现实生活的敏锐洞察力和高度概括力。

　　诗人以一位不常入城的"蚕妇"的视角作此诗，当她看到城中穿着罗绮的人，全都是达官贵人，却无一人是辛苦劳作的养蚕人时，不禁潸（shān）然泪下，弄湿了衣襟。整首诗以叙述的笔调娓娓道来，朴实无华，却发人深省：不仅揭露统治者不劳而获的社会现实，更表现了诗人对底层劳动人民的深切同情和对社会现实的痛恨。

▌知识延伸

丝织名品——罗绮

　　中国是最早发明丝绸的国家，汉唐时期丝织品通过"丝绸之路"，远销中亚、西亚、非洲和欧洲，受到各国人民的普遍欢迎。丝织品的种类有绮、罗、锦、缎、绫、缣（jiān）、纱、縠（hú）等，其中绮除了双色绮之外，都是用生丝织造后染色。南北朝时，几何纹绮有比汉绮更为复杂的弧线结构。唐代绮的纹样更趋写实，宋代以后绮便不多见了。罗是以地经纱、绞经纱与纬纱交织，形成椒形绞纱孔隙的丝织物。明清时期罗的品种增多，主要有暗花罗、花罗、织金罗、妆花罗等。

▌诗词游戏

　　填写诗句的下一句。

江	上	往	来	人

边塞诗既描写奇异的边塞风光，边疆将士的艰苦生活与思乡之情，又描写他们投笔请缨、杀敌报国、建功立业的抱负，风格雄浑磅礴，豪放悲壮，瑰丽浪漫，意象宏阔。

　　比如，《采薇》为边塞诗鼻祖，表现了诗人对侵略者的仇恨，同时流露出对久战不归的厌倦；汉乐府《十五从军征》写战争为百姓带来的莫过于累累坟冢、残垣断壁的家园；北朝民歌《敕勒歌》则为我们描绘了一幅水草丰美、牛羊肥壮的草原全景图；《木兰诗》描写了木兰女扮男装、代父从军、征战沙场凯旋、辞官还家的女英雄形象；王翰《凉州词》"古来征战几人回"写出了战争的残酷；王之涣《凉州词》"春风不度玉门关"描写了边塞的雄浑苍凉；王昌龄《出塞》慨叹边疆战争不断，而朝无良将；王维《使至塞上》勾勒出大漠的雄浑景色；卢纶《塞下曲》书写边塞战斗的艰苦和将士们的奋勇精神；李贺《雁门太守行》描绘悲壮惨烈的战争场面；范仲淹《渔家傲·秋思》上阕描绘边塞特有的景象，下阕描写戍边将士的艰苦生活和思乡情绪。

燕然未勒归无计

采薇 °   《诗经》

昔我往矣，杨柳依依 °。

今我来思，雨雪霏霏 °。

行道迟迟，载渴载饥 °。

我心伤悲，莫知我哀！

注释

○ 薇：俗称野豌豆，多年生草本植物，茎叶可食。

○ 依依：形容纤长轻柔的柳条随风飘动的样子。

○ 思：句末语助词，无实在意义。雨（yù）雪：下雪。霏霏：盛大的样子。

○ 行道：走在回家的路上。迟迟：走路缓慢的样子。载：则，又。

▌作品赏析

开始四句诗借景抒情，描绘了两个画面，一是春风吹拂、柳枝依依惜别的画面；一是寒冬季节，大雪纷飞的画面。诗人没有直接倾诉内心感情，而是以春风拂柳来渲染昔日出征时的依依不舍，用风雪交加来表现今日回家的路途艰难和内心悲苦。诗人"以乐景写哀，以哀景写乐"，春风杨柳、灿烂春光反衬出离家之悲，以风雪交加、寒冬严酷衬托凯旋之乐。时序的今与昔，景物的柳与雪，人生的往与返，营造出超越现实的典型画面。短短四句看似平淡，却充满了艺术感染力。后面四句描写回家情形，路长行远，诗人又饥又渴，愁肠百结，走路迟缓，有谁知道他内心的悲伤与哀切？

《采薇》一诗堪称边塞诗的鼻祖，力求展现征人深层的内心矛盾与痛苦，诗人对侵略者充满仇恨，同时又流露出对久战不休的厌倦之情。

知识延伸

夷齐让国与采薇而食

　　商朝末年，孤竹国国君墨胎冯初看到殷商将亡，自己体衰年迈，难以应付，便明示长子伯夷、二子公望、三子叔齐，立诏传位于叔齐。墨胎冯初驾崩后，臣民要按照先君遗诏，立叔齐为君。但叔齐却说："伯兄在先，我怎能立国为君呢？"伯夷坚辞不受，要遵照父命立叔齐为君。二人互相退让，最后一同离国而去。众臣只得拥立公望为君。伯夷、叔齐宁可逃离父母之邦，也要遵守礼义，谦恭推让王位，被世人尊为义士。他们听说西伯侯姬昌堪称明主，招贤纳士，二人前去投奔。到达西岐后姬昌已故，其子周武王姬发率师伐纣。伯夷、叔齐二人拦住武王马头劝阻，认为以臣伐君有违仁孝。武王非常生气，想杀掉二人，被姜子牙劝阻。后来，二人到首阳山隐居，商亡后采摘薇菜充饥，不食周粟，绝食而死。伯夷、叔齐二人以贤德为重，以礼仪为先，以及不食周粟的民族气节，被后人誉为"孤竹遗风"与"夷齐清风"，封建时代被当作抱节守志的典范。历代歌颂伯夷、叔齐的诗词颇多，屈原《橘颂》

把伯夷、叔齐作为处世榜样，"行比伯夷，置以为像兮"；唐代韩愈作《伯夷颂》说，"若伯夷者，特立独行、穷天地、亘万世而不顾者也"；南宋民族英雄文天祥被俘期间，曾作《和夷齐西山歌》："彼美人兮，西山之薇矣。北方之人兮，为吾是非矣。异域长绝兮，不复归矣。风不至兮，德之衰矣。"以此表明自己坚贞不屈的凛然气节。

▎诗词游戏

补全古诗所缺部分。

最	喜	小	儿		
	头	卧	剥		

十五从军征

汉乐府

十五从军征，八十始得归。
道逢乡里人："家中有阿谁？"
"遥看是君家，松柏冢累累。"
兔从狗窦入，雉从梁上飞。
中庭生旅谷，井上生旅葵。
舂谷持作饭，采葵持作羹。
羹饭一时熟，不知饴阿谁。
出门东向看，泪落沾我衣。

注
释

○ 始：才。

○ 冢（zhǒng）累累：坟墓一座接着一座。

○ 狗窦（dòu）：狗出入的墙洞。

○ 旅谷：植物未经播种而生叫"旅生"，野生的谷叫"旅谷"。旅，野的。

○ 春（chōng）：把东西放在石臼或钵里捣掉皮壳或捣碎。

○ 饴（yí）：同"贻"，送，赠送。

作品赏析

　　此诗描写一位老兵归家所见，采用了语言描写、动作描写和景物描写等艺术手法。诗人十五岁就从军当兵，到了老年才得以归家，怎能不让人骤添悲感？但诗句中找不到一个带感情色彩的词汇，只有一幅幅战后图景映入眼帘：走在归家的路上，遇到乡人，老兵竟然向乡人问起自己家中都有何人。哪有向别人询问自己家里都有什么人的呢？这是多么的无奈。

　　乡人的对答更让人悲上心头，浇灭了老兵心中的一丝期盼。老兵家所在的地方已是累累坟墓，兔从狗洞中来回穿梭，象征着人间烟火的狗早已不见踪迹，野鸡在房梁上来回飞，庭院中长满了野生谷物，水井周围长着野生的葵菜。把庭院中的谷物捣碎了做饭，采摘野生葵菜熬成菜汤，饭熟羹好，又能端给谁吃呢？出门东望，潸然泪下。读者不由反思：战争给百姓带来的是什么呢？莫过于坟冢累累、残垣断壁和野草蓬生的家罢了。

知识延伸

乐府双璧

　　所谓乐府双璧是《木兰诗》和《孔雀东南飞》的合称，是汉代乐府民歌中最杰出的代表作。《木兰诗》是北朝民歌，是一首长篇叙事诗，塑造了木兰代父从军、奔赴疆场、屡立战功的女英雄形象。《孔雀东南飞》又名《古诗为焦仲卿妻作》，是我国最早的一首长篇叙事诗，出自南朝徐陵编纂的《玉台新咏》。它通过描写焦仲卿与刘兰芝的婚姻悲剧，揭露了封建礼教、封建家长制的罪恶，热烈歌颂了焦、刘二人忠于爱情、宁死不屈的斗争精神。

敕勒歌

北朝民歌

敕勒川°，阴山下，

天似穹庐，笼盖四野。

天苍苍，野茫茫，

风吹草低见牛羊°。

注释

○ 敕勒川：敕勒族居住的地方，今内蒙古呼和浩特市一带的土默特平原。
川：平川、平原。

○ 见（xiàn）：同"现"，出现，显露。

作品赏析

《敕勒歌》最早见于宋人郭茂倩编的《乐府诗集》，风格豪放刚健，抒情坦率直爽，语言质朴无华，表现了北方民族英勇豪迈的气概。诗歌开头交代"敕勒川"位于高远辽阔的阴山脚下，碧绿的草原一望无际。接着以"穹庐"作比喻，说苍茫的天空像毡帐一样，笼盖住草原的四方，极目远望草天相

接，诗人以如椽（chuán）大笔勾画出一幅北国风貌图。最后三句渲染了一幅水草丰美、牛羊肥壮的草原全景图：苍青的天空下，原野茫茫，风吹草低之处，一群群牛羊时隐时现。"风吹草低见牛羊"是全文的点睛之笔，描绘出游牧民族殷实富足、其乐融融的生活景象。

知识延伸

北朝民歌

北朝民歌是南北朝时期北方文人创作的诗歌，产生于黄河流域。诗歌作者为鲜卑族、氐（dī）族、羌族与汉族，传入南朝后由乐府机构采集而存，主要收录在《乐府诗集》，今存60多首。北朝民歌内容丰富，语言质朴，风格豪迈雄壮，其中以《敕勒歌》《木兰诗》最为著名。在内容上，有的反映战争与尚武精神，如《木兰诗》。有的反映人民疾苦，如《陇头歌辞》"陇头流水，流离山下。念吾一身，飘然旷野"，《企喻歌》"男儿可怜虫，出门怀死忧。尸丧狭谷中，白骨无人收"。有的反映爱情生活，如《捉搦（nuò）歌》"天生男女共一处，愿得两个成翁妪（yù）"。有的描写塞北草原风光，如《敕勒歌》。北朝民歌形式上以五言四句为主，也有七言古体及杂言体，对唐代诗歌的发展有较大影响。

诗词游戏

填写诗句所缺的部分。

兔	从	狗		入
	从	梁	上	飞

木兰诗

北朝民歌

唧唧复唧唧°，木兰当户织。不闻机杼声°，唯闻女叹息。

问女何所思，问女何所忆°。女亦无所思，女亦无所忆。昨夜见军帖°，可汗大点兵°，军书十二卷°，卷卷有爷名°，阿爷无大儿，木兰无长兄，愿为市鞍马°，从此替爷征。

东市买骏马，西市买鞍鞯°，南市买辔头°，北市买长鞭。旦辞爷娘去，暮宿黄河边。不闻爷娘唤女声，但闻黄河流水鸣溅溅°。旦辞黄河去，暮至黑山头。不闻爷娘唤女声，但闻燕山胡骑鸣啾啾°。

万里赴戎机°，关山度若飞。朔气传金柝°，寒光照铁衣。将军百战死，壮士十年归。

归来见天子，天子坐明堂。策勋十二转°，赏赐百千强°。可汗问所欲，木兰不用尚书郎°，愿驰千里足，送儿还故乡。

爷娘闻女来，出郭相扶将°；阿姊闻妹来，当户理红妆；小弟闻姊来，磨刀霍霍向猪羊。开我东阁门，坐我西阁床，脱我战时袍，著我旧时裳°。当窗理云鬓，对镜帖花黄°。出门看火伴°，火伴皆惊忙：同行十二年，不知木兰是女郎。

雄兔脚扑朔°，雌兔眼迷离°；双兔傍地走°，安能辨我是雄雌？

注释

○ 唧唧：叹息声。

○ 杼（zhù）：织布的梭（suō）子。

○ 忆：思念，惦记。

○ 军帖（tiě）：军中的文告。

○ 可汗（kè hán）：我国古代西北地区民族对最高统治者的称呼。

○ 军书十二卷：指征兵名册很多。十二，并非确指，表示很多，下文"十二转""十二年"用法同此。

○ 爷：与下文"阿爷"同指父亲。

○ 为：为此。市：买。鞍马：泛指马和马具。

○ 鞯（jiān）：垫在马鞍下的东西。

○ 辔（pèi）头：驾驭牲口用的嚼子、笼头和缰绳。

○ 溅（jiān）溅：水急速流动的样子。

○ 胡骑：胡人的战马。胡，古代对西北部民族的称呼。啾（jiū）啾：象声词，这里用来形容马叫的声音。

○ 戎机：指战事。

○ 朔：北方。金柝（tuò）：即刁斗，古代军中用的铁锅，白天用来做饭，晚上用来打更。

○ 策勋：记功。转：勋级每升一级为一转，十二转为最高勋级，十二转并非确数，形容功劳极高。

○ 百千：形容数量多。强：有余。

○ 尚书郎：尚书省的官，尚书省是古代朝廷中管理国家政事的机关。

○ 扶：扶持。将：助词，不译。

○ 著（zhuó）：通假字，通"着"，穿。

○ 帖花黄：帖，通假字，通"贴"。花黄，古代妇女的一种面部装饰物。

○ 火伴：古代兵制中，十人为"一火"，同灶吃饭者称"火伴"，现代汉语写作"伙伴"。

○ 扑朔：爬搔，扑腾。

○ 迷离：眯着眼。

○ 傍（bàng）地走：贴着地面并排跑。

作品赏析

　　此诗是南北朝时期北方流传的一首长篇叙事民歌，是一篇乐府诗，记述了木兰女扮男装，代父从军，征战沙场，终得凯旋，辞官还家的故事。木兰这一人物形象，既富有传奇色彩，又真切动人，既是奇女子又是普通人，既是巾帼英雄又是平民少女，既是矫健的勇士又是娇美的女儿。她坚毅勇敢又机敏活泼，热爱亲人又报效国家，不慕高官厚禄而热爱和平的生活。在流传过程中，有文人润色的痕迹，但基本上保存了民歌易记易诵的特色。

▍知识延伸

《木兰诗》的修辞特色

在写法上，《木兰诗》运用了较多的修辞，主要是铺陈、排比、对偶、互文等手法。如"东市买骏马，西市买鞍鞯，南市买辔头，北市买长鞭"四句，排比兼用互文，渲染了木兰出征前的紧张气氛和购买战马用具的繁忙，表现了木兰对出征的极度重视。可以说互文是此诗最大的修辞特色，在刻画人物心理、塑造人物形象、渲染气氛等方面起了积极的作用。如"开我东阁门，坐我西阁床"，由于互文修辞的运用，省略了时间的推移和地点的转换，木兰一别十年，回到家中就这里坐坐，那里看看，心中充满亲切之感，通过动作细节的描写，刻画了人物的心理。

又如"当窗理云鬓，对镜帖花黄"，这里的互文手法如同电影的"蒙太奇"一样，表现了木兰脱下戎装的迅速麻利和急切变回女儿身的兴奋之情。再如"将军百战死，壮士十年归"，对偶兼用互文，概括了十年征战的激烈悲壮，突出了木兰英勇善战的形象。

这些互文手法的运用，使诗歌辞约意丰，详略得当，在叙事上跨越时空，加快了情节的推进，使行文富于节奏感，增强了表达效果。

▍诗词游戏

填写诗句的上一句。

风	吹	草	低	见	牛	羊

凉州词°

[唐] 王翰

葡萄美酒夜光杯°，

欲饮琵琶马上催°。

醉卧沙场君莫笑°，

古来征战几人回？

注释

○ 凉州词：唐乐府名，是《凉州曲》的唱词，盛唐时流行的一种曲调名。

○ 夜光杯：是一种白玉雕琢而成的名贵酒器。当美酒置于杯中，在月光下会闪闪发亮，由此而得名。这里指精美的酒杯。

○ 琵琶：这里指作战时用来发出号令的军乐器。

○ 沙场：战场。

▋关于作者

王翰：生卒年不详，字子羽，晋阳（今山西太原市西南）人，唐代著名的边塞诗人。王翰年少时就聪颖过人，才智超群，举止豪放，不拘礼节，景龙四年（710）中进士。他的诗多豪放壮丽，可惜大多散佚，《全唐诗》录其诗一卷，共有14首。

▋作品赏析

凉州地处西北边地，葡萄酒、夜光杯、琵琶皆为西域所产，无一不与西北边塞风情密切相关。诗人没有正面描写战争，而是通过战前将士饮酒来表达他们的反战厌战情绪。

首句夸示饮宴之美：晶莹剔透的夜光杯里斟满葡萄美酒，战士们聚在一起正要痛饮。此刻诗人笔锋一转，写军中乐队弹起琵琶催人出发，将士们一下子由热闹欢饮被逼到激昂的战前气氛中。他们明知军令如山，却依旧开怀畅饮，而且决心要"醉卧沙场"。接着诗人反问，你们对狂饮不会见笑吧？最后引出全诗最悲痛、最决绝的一句："古来征战几人回？"战争是残酷的，自古征战有几人能生还？诗人以豪迈旷达之笔，表现了将士们视死如归的悲壮情绪，更加深邃地表达了军人心灵深处对生命的幻灭之感。

此诗是描写边塞战争的名作，被明代文学家王世贞推为唐代七绝的压卷之作。

▋诗词游戏

填写诗句的上一句。

寒	光	照	铁	衣

凉州词　　　　　　［唐］王之涣

黄河远上白云间，

一片孤城万仞山。

羌笛何须怨杨柳，

春风不度玉门关。

注释

○ 凉州词：指凉州歌的唱词，是盛唐时期由凉州（今甘肃武威）传入内地的一种流行曲调的泛称。

○ 仞（rèn）：古代的长度单位，一仞相当于现今的七尺或八尺。

○ 羌笛：是古代羌族使用的一种乐器，属横吹式管乐。

○ 玉门关：古关名，故址位于今甘肃敦煌西北。汉武帝时设置，传说因西域输入玉石于此取道而得名，是古代中原通往西域诸国的门户。

▌关于作者

　　王之涣（688—742）：字季凌，晋阳（今山西太原市西南）人，盛唐诗人，为人讲义气，豪放不羁（jī），常击剑悲歌。其诗善写边塞风光，意境极为深远，多被当时乐工制曲歌唱，但传世之作仅有六首。他与岑（cén）参（shēn）、高适、王昌龄一起，被称为唐代"四大边塞诗人"。

▌作品赏析

　　这是一首雄浑苍凉的边塞诗，全诗开篇壮丽豪迈，将西北边塞的粗犷（guǎng）之美描绘得摄人心魄。远处奔流而来的黄河好像与白云相接，尽显塞外风光的宏伟绚丽。随后诗人极目远望，在天地相连的地方耸峙（zhì）着万仞高山，"一片孤城"隐约可见，为读者展现出一幅独特的天地孤城图，凸显出边疆之地的苦寒与孤寂。诗的后两句转而抒情：诗人无处寻觅柳枝寄情，人们又何必用羌笛吹起哀怨的《杨柳曲》而埋怨春光迟迟呢？原来，玉门关一带是春风吹不到的地方啊！这怨恨有征人未归的失望，有乡书无期的期盼，有妻离子别的痛苦，种种复杂的情感交织在一起，使整首诗的情感分外触人心弦。

▌知识延伸

折柳送别与《折杨柳》曲

　　《诗经·小雅·采薇》中有言："昔我往矣，杨柳依依；今我来思，雨雪霏霏"，因为"柳"与"留"谐音，于是，古人常折柳送别。折柳送别的习俗始于汉而盛于唐，汉代有《折杨柳》的曲子，以吹奏的形式表达惜别之情。"笛中闻折柳，春色未曾看"，意为《折杨柳》的笛声曲子倒是传播得很远，而杨柳青青的春色却从来不曾看见，以此来表达伤春叹别的感情。"此夜曲中闻折柳，何人不起故园情"说的是今夜听到《折杨柳》的曲子，又有谁没引起思念故乡的感情呢？

▌诗词游戏

　　填写诗句的上一句。

古	来	征	战	几	人	回

出　塞　　　[唐] 王昌龄

秦时明月汉时关，

万里长征人未还。

但使龙城飞将在°，

不教胡马度阴山°。

注释

○ 但使：只要。龙城：是匈奴祭天集会的地方。元光六年（前 129），卫青出击匈奴，曾奇袭龙城。飞将：指汉朝名将李广，匈奴人畏惧他的神勇，称他为"飞将军"。

○ 阴山：昆仑山的北支，起自河套西北，横贯绥远、察哈尔及热河北部，是我国北方的屏障。

关于作者

王昌龄：作者介绍见其诗《芙蓉楼送辛渐》。

▍作品赏析

　　此诗慨叹边疆战争不断，而朝无良将。首句发兴高远，耐人寻味：天上明月是秦汉时的明月，眼前边关是秦汉时的边关。诗人从千年以前、万里之外下笔，自然形成一种苍茫雄浑的意境，令人联想到自秦汉以来持续不断的边患与战争。二句是征人未还，千百年来多少出塞将士远去不回。三、四句，借用"飞将军"李广的典故，人们希望神勇无比的"龙城飞将"李广能够在世，平息战乱，安定边防，不教胡人的铁骑越过阴山。全诗以平凡之语，唱出雄浑豁达的主旨，气势磅礴，一气呵成。

▍知识延伸

"桃李不言，下自成蹊"的飞将军

　　李广的先祖李信是秦朝名将，曾率军击败燕太子丹。李广家族世代传习射箭，而李广身材高大，臂长如猿，有善射天赋。他不善言辞，平时闲居与人以射箭赌酒为乐，一生都以射箭作为消遣。李广英勇善战，立下赫赫战功，匈奴的首领单于（chán yú）很敬佩他，称他为"飞将军"。李广为将廉洁，平易近人，常把自己的赏赐分给部下，与士兵同吃共饮。元狩四年（前119），李广出击匈奴时，因迷路贻误军情而被迫自杀，许多部下都为他痛哭，司马迁称赞他"桃李不言，下自成蹊"，比喻为人诚挚，自会深得人心。

▍诗词游戏

　　填写诗句的上一句。

春	风	不	度	玉	门	关

从军行　　　［唐］王昌龄

青海长云暗雪山°，

孤城遥望玉门关。

黄沙百战穿金甲，

不破楼兰终不还°。

注释
○ 青海：指青海湖。雪山：这里指甘肃的祁连山。
○ 楼兰：西域古国名，此处泛指西域各地部族政权。

关于作者

王昌龄：作者介绍见其诗《芙蓉楼送辛渐》。

作品赏析

青海湖上空长云弥漫，湖的北面横亘着绵延千里的隐隐雪山；越过雪山是河西走廊荒凉的孤城，和孤城遥遥相对的是军事要塞玉门关。这里东西广阔数千里，是西北戍边将士生活、战斗的环境。唐朝的强敌一是吐蕃，一是突厥，而青海湖地区是吐蕃与唐军多次作战的场所；而"玉门关"外，则是突厥的势力范围。后两句直接抒情。"黄沙百战穿金甲"概括出戍边的漫长，战事的频繁与战斗的艰苦，金甲尽管磨穿，但将士的报国壮志在大漠风沙中变得更加坚定，发誓不打败西部的敌人楼兰国誓不回还。

盛唐边塞诗的一个重要特色，就是在抒写戍边将士豪情壮志的同时，并不回避战争的艰苦，典型环境与人物感情高度统一，此诗即是明显的体现，表现了将士们驻守边关的雄心壮志。

知识延伸

"楼兰之死"

楼兰是古丝绸之路贸易的中转站。据记载，当时楼兰古城与碧波荡漾的罗布泊相临，城中有塔有树，店铺林立，客商云集，一片繁荣景象；而现在楼兰已消失，茫茫沙海中只剩一片废墟，它旁边的罗布泊也完全干涸。往日的繁华与绿色被一片死寂所代替。楼兰死了，楼兰为什么死了？

那默默的黄沙便是无声的回答。楼兰和罗布泊旁是塔克拉玛干大沙漠，是"进得去出不来"的"死亡之海"。但唐代之前塔克拉玛干还是绿洲，还有人生活，千年以后连飞鸟都已绝迹，这与地表植被破坏密切相关，沙漠不断扩大，淹没了附近的土地和村庄。沙漠化既有自然原因，也有人为原因，塔克拉玛干各条河流的中下游，原有我国面积最大的天然红柳和胡杨灌木林。可是人们把红柳和胡杨当作燃料，天然植被遭到破坏。楼兰已死，只留下一片废墟和王昌龄那首著名的诗篇！

使至塞上

［唐］王维

单车欲问边°，属国过居延°。

征蓬出汉塞°，归雁入胡天。

大漠孤烟直，长河落日圆°。

萧关逢候骑°，都护在燕然°。

注释

○ 问边：到边塞察看，指慰问守卫边疆的官兵。

○ 居延：地名，汉代称居延泽，唐代称居延海，在今甘肃张掖北，这里指边塞地区，实际上王维此次出使无须经过居延。

○ 征蓬：随风飘飞的蓬草，此处为诗人自喻。

○ 长河：黄河。

○ 萧关：古关名，故址在今宁夏固原东南。候（hòu）骑：负责侦察、通信的骑兵。
○ 都护：官名。唐朝在西北置安西、安北、安乐、安南、单于、北庭六大都护府，每府派大都护一人，副都护二人，负责管理辖区行政事务。燕然：古山名，即今蒙古国杭爱山，此处代指前线。

▌关于作者

王维：作者介绍见其诗《鹿柴》。

▌作品赏析

这是一首纪行诗。开元二十五年（737），王维奉命赴河西节度使府慰问将士，作此诗记述出使途中的所见所感。

首联交代此行目的和到达地点，诗人单车出使慰问守卫边疆的官兵，路过居延，由此可见唐朝边塞的遥远辽阔。颔联由"归雁"可知出使边塞的时间是春天，诗人以蓬草自况，写出去国离乡的飘零之感。"我"像蓬草一样飘出汉塞，就像归雁飞入北方胡人的天空，诗人的失意情绪与其长期不得志有关，因为他并未像汉代司马相如那样深受皇帝青睐，出使西南夷时威风气派。颈联写景，置身大漠，黄沙莽莽，昂首看天，天空没有一丝云影，极目远眺，只见天的尽头有一缕孤烟在升腾，笔直地升向高处。诗人站在一座山头上，俯瞰蜿蜒的黄河河道，时当傍晚，落日正圆，低垂河面，河水闪着粼粼的波光。恍然之间红日出没于长河之中，河水吞吐日月的宏阔气势使整幅画面显得雄奇瑰丽。王国维称之为"千古壮观"。尾联写诗人走到萧关，恰好遇见骑马的侦察兵，说都护在前线作战取得胜利，表现出诗人对建功立业的向往，流露出对都护的赞叹。

此诗描绘了大漠的雄浑景色，反映了边塞生活的状况，诗人的情感由孤独寂寞升华为慷慨悲壮，流露出一种豁达的情怀。

白雪歌送武判官归京°

[唐] 岑参

北风卷地白草折°，胡天八月即飞雪°。

忽如一夜春风来，千树万树梨花开。

散入珠帘湿罗幕，狐裘不暖锦衾薄°。

将军角弓不得控°，都护铁衣冷难着。

瀚海阑干百丈冰°，愁云惨淡万里凝。

中军置酒饮归客°，胡琴琵琶与羌笛。

纷纷暮雪下辕门，风掣红旗冻不翻。

轮台东门送君去°，去时雪满天山路。

山回路转不见君，雪上空留马行处。

注释

○ 判官：节度使、观察使的僚属。唐代节度使是朝廷派出的持节使，可以委任幕僚协助处理公事。

○ 白草：西北的一种牧草，秋天变白。

○ 胡天：泛指塞北一带的天空。

○ 狐裘：狐皮袍子。锦衾：锦缎做的被子。锦衾薄：因为天气寒冷，丝绸被子都显得单薄。

○ 角弓：一作"雕弓"，两端用兽角装饰的硬弓。控：拉开。不得控：因天冷而拉不开弓。

○ 瀚海：沙漠。阑干：纵横交错的样子。

○ 饮（yìn）：宴请。

○ 轮台：指北庭都护府驻地。

关于作者

岑参（约715—770）：江陵（今属湖北荆州市荆州区）人，出身官僚家庭，天宝进士，天宝八年（749）在安西节度使高仙芝幕府任掌书记，后随封常清任安西、北庭节度使判官。至德二年（757）授右补阙，官至嘉州刺史，世称"岑嘉州"。岑参在边塞多年，对边塞风光、军旅生活以及少数民族的文化风俗非常熟悉，颇有雄心壮志，创作了大量边塞诗，与高适齐名，并称"高岑"，同为盛唐边塞诗人。

作品赏析

天宝十三年（754），诗人任安西、北庭节度使封常清的判官，在轮台送别前任武判官归京而作此诗。

前八句写清晨奇丽的雪景和突如其来的奇寒：北风呼啸席卷大地，把白草都吹折了，胡地的八月纷纷扬扬下起了大雪，经过一夜大雪，大地银装素裹，一派奇丽的美景。友人即将归京，挂在枝头的积雪在诗人的眼中，变成了一夜盛开的梨花，如同春天到来一样美丽。飞雪悠闲地飘进珠帘，打湿了军营华美的帐幕；狐皮的袍子也不觉得暖和了，锦缎做的被子因为寒冷都显得单薄了。将士们还在拉弓练兵，由于天太冷而冻得拉不开弓。诗人用天气的寒冷来反衬将士们内心的爱国热诚，表现出乐观的战斗情绪。

中间四句描绘白天雪景的雄伟壮阔和饯别宴会的盛况。浩瀚的沙漠上结了厚厚的坚冰，百丈纵横到处是裂纹，万里长空凝聚着惨淡的愁云。而中军主帅的大帐里摆酒为归客饯行，胡琴、琵琶与羌笛合奏来助兴，将士们且歌且舞，开怀畅饮，宴会一直持续到暮色降临。诗人以浪漫、夸张的手法，描绘雪中的天地来反衬送别的欢乐场面。

最后六句写傍晚送别友人踏上归途。在暮色中武判官迎着飞雪，步出营帐，冻结在空中的红旗在寒风中毫不翻动。诗人在轮台东门送别友人，友人离去时雪满天山。雪越下越大，诗人没有立即离去，直到山回路转再也见不到友人，雪上只留下一行马蹄的印迹。

此诗以纵横矫健的笔力，抑扬顿挫的韵律，描绘了奇丽多变的雪景，写出奇中有丽、丽中有奇的美好意境，是一首不可多得的边塞诗佳作。

▌知识延伸

岑参的边塞诗

岑参是唐代著名的边塞诗人。天宝年间，他曾在边塞生活多年，这使他的边塞诗境界开阔，雄奇瑰丽的浪漫色彩成为其诗的基调，代表作有《白雪歌送武判官归京》《走马川行奉送封大夫出师西征》《轮台歌奉送封大夫出师西征》等。

岑参以奇特的艺术手法和慷慨豪迈的语调，表现出一种奇伟壮丽之美。如《走马川行奉送封大夫出师西征》"轮台九月风夜吼，一川碎石大如斗，随风满地石乱走"，描写了边疆大漠令人望而生畏的恶劣环境，雪夜风吼，飞沙走石，在诗人印象中却成了衬托英雄气概的壮观景色，是一种值得欣赏的奇伟美景。如果没有积极进取的精神、开朗博大的胸襟、克服困难的勇气，很难产生这种艺术感受。

岑参怀着到塞外建功立业的志向，两度出塞，久佐戎幕，对风尘鞍马的征战生活和冰天雪地的塞外风光有长期的观察与体会。他歌颂将士们转战沙场雪海的壮烈场面，"四边伐鼓雪海涌，三军大呼阴山动"；他描绘将士们在风雪中的战前行军，"将军金甲夜不脱，半夜军行戈相拨，风头如刀面如割"；他揭露军营生活的苦乐不均，边疆大将"灯前侍婢泻玉壶，金铛乱点野酡酥"，而"战士常苦饥，糗粮不相继"；他生动夸张地描绘祖国西陲的壮丽山川，"忽如一夜春风来，千树万树梨花开"。

　　岑参的边塞诗想象丰富，意境新奇，气势磅礴，词采瑰丽，具有浪漫主义特色。爱国诗人陆游曾称赞他说："太白、子美之后，一人而已。"

▍诗词游戏

　　填写诗句的下一句。

大	漠	孤	烟	直

塞下曲（其三）　　　　［唐］卢纶

月黑雁飞高，单于夜遁逃°。

欲将轻骑逐°，大雪满弓刀。

注释
○ 单于：匈奴的首领，指北方民族入侵者的最高统帅。遁：逃走。
○ 将：率领。轻骑：轻装快速的骑兵。逐：追赶。

关于作者

卢纶（约742—约799）：字允言，河中蒲（今山西永济西南）人，唐代诗人，"大历十才子"之一，曾任集贤学士、秘书省校书郎、检校户部郎中等职。他在从军生活中所写的诗，如《塞下曲》等，风格雄浑，情调慷慨，历来为人传诵。

作品赏析

《塞下曲》为汉乐府旧题，内容多写边塞征战，卢纶曾任幕府中的元帅府判官，对军旅行伍生活有切身体验，所写边塞诗内容充实，风格雄浑苍

劲。《塞下曲》其三描写将军雪夜率兵追敌的壮举，气概豪迈。在月黑风高的夜晚，大雁受到惊扰纷纷高飞，单于趁着夜色，带着部将逃走。将军发现敌人潜逃，就率领轻装骑兵去追击；出发之际一场大雪纷纷而下，刹那间弓刀上落满雪花。全诗没有直接写激烈的战斗场面，但边塞严寒的景象突出了战斗的艰苦性和将士们的奋勇精神。

▌知识延伸

霍去病"封狼居胥"

霍去病是汉代名将卫青的外甥，也是汉武帝皇后卫子夫的外甥，是一位骁勇善战的名将。元朔六年（前123），17岁的霍去病随卫青出击匈奴，率领八百骑兵突袭匈奴，大获全胜，被封为冠军侯。

元狩四年（前119）春，汉武帝命卫青、霍去病各自率领骑兵五万，歼灭匈奴主力。霍去病率军北进两千多里，与匈奴左贤王部接战，大获全胜，乘胜追杀至狼居胥山（今蒙古国境内），在那里举行祭天封礼，在姑衍山（今蒙古国肯特山以北）举行祭地禅礼，并在山上立碑纪念，以示此地为汉家疆土。成语"封狼居胥"即来源于此。

经此一战，匈奴单于逃到漠北，形成了"漠南无王庭"的局面，从此改变了汉朝长期以来对匈奴战争的守势状态，保障了西汉北部边境的安全。

霍去病建立奇功，汉武帝为他修建一座豪华的府第，他却断然拒绝，说："匈奴未灭，何以家为？"非常可惜的是，元狩六年（前117）霍去病去世，虚岁年仅24岁。

▌诗词游戏

填写诗句的上一句。

千	树	万	树	梨	花	开

雁门太守行 °

[唐]李贺

黑云压城城欲摧，甲光向日金鳞开。

角声满天秋色里，塞上燕脂凝夜紫°。

半卷红旗临易水°，霜重鼓寒声不起。

报君黄金台上意°，提携玉龙为君死°。

注释

○ 雁门太守行：古乐府曲调名，雁门郡在今山西西北部，是唐朝与突厥交界的边境地带。

○ 燕（yān）脂：即胭脂，深红色，同"夜紫"一起形容战场上将士的血迹。

○ 易水：河名，发源于河北易县，向东南流入大清河。此处借荆轲《易水歌》以言悲壮之意。

○ 黄金台：故址在今河北易县东南，相传战国时燕昭王为招贤而筑。

○ 玉龙：宝剑的代称。

▌关于作者

　　李贺（790—816）：字长吉，福昌（今河南宜阳西）人，唐代著名诗人。20岁到长安考进士，因父亲名为李晋肃，与"进士"同音，结果以冒犯父讳取消考试资格。李贺本来胸怀大志，性情傲岸，因无法实现理想抱负而抑郁感伤，加上作诗焦思苦吟与家境贫寒的折磨，过早去世，人称"诗鬼"。

▌作品赏析

　　《雁门太守行》运用乐府古题，用浓艳斑驳的色彩，描绘出悲壮惨烈的战争场面，表现了特定时间、地点的边塞风光和瞬息万变的战场风云。

　　首联既写景又写事，渲染出兵临城下的紧张气氛和危急形势：敌军人马众多，来势凶猛，就像黑云压在城头，城墙像要塌陷一样，忽然一缕日光从云缝里透下来，映照着守城将士的甲衣，金光闪闪，耀眼夺目，他们威武雄壮，严阵以待。颔联渲染战场的悲壮气氛和战斗的残酷：时值深秋，万木萧疏，在一片死寂之中，那军中号角吹响起来，一场惊心动魄的战斗正在进行。晚霞映照着战场，那大片胭脂般鲜红的血迹，在夜露中凝结成一片紫色，敌我双方都有大量士兵伤亡。颈联写夜袭时浴血奋战的场面：驰援部队在黑夜里隐藏形迹急速行军，一迫近敌军营垒便投入战斗，他们击鼓助威，无奈寒夜霜重，连战鼓也擂不响，大有"风萧萧兮易水寒"那种壮怀激烈的豪情。尾联引用"黄金台"的典故，写出将士们誓死报效国家的决心：为了报答国君修筑黄金台招用贤才的诚意，将士们挥舞着利剑，甘愿为国血战到死！全诗意境苍凉，格调悲壮，具有强烈的震撼力和艺术魅力。

▌诗词游戏

　　填写诗句的上一句。

大	雪	满	弓	刀

渔家傲·秋思

［宋］范仲淹

　　塞下秋来风景异，衡阳雁去无留意°。四面边声连角起°，千嶂里°，长烟落日孤城闭。　　浊酒一杯家万里，燕然未勒归无计°。羌管悠悠霜满地°，人不寐°，将军白发征夫泪。

注释

○ 衡阳雁去：传说秋天北雁南飞，至湖南衡阳回雁峰而止，不再南飞。

○ 边声：边塞特有的声音，如号角、羌笛、马啸的声音。

○ 千嶂：绵延峻峭的山峰，崇山峻岭。

○ 燕然未勒：指战事未平，功业未立。燕然，即燕然山，今蒙古国境内的杭爱山，东汉大将军窦宪率兵击败北匈奴，登上燕然山，刻石勒功而还。

○ 羌管：即羌笛，出自古代西部羌族的一种乐器。

○ 不寐：睡不着。

关于作者

范仲淹：作者介绍见其词《江上渔者》。

作品赏析

这首词是由范仲淹任陕西经略副使兼延州知州时所写。

上阕描绘边塞特有的景象。西北边疆的秋天风景与内地不同，大雁飞到衡阳回雁峰，就没有留恋之意，将士们长期戍边产生了强烈的思归之情；边塞特有的声音，如狼嗥似的风声、悠远的羌笛声、战马的嘶鸣声，连同军中凄厉的号角声交织在一起，令人心惊胆寒。崇山峻岭中，太阳将要落山。边塞本来就人烟稀少，在烟雾笼罩下城门孤零零地紧闭，人非草木，孰能无情？此情此景怎能不令人怀念温馨的故乡？

下阕写戍边将士的艰苦生活和思乡情绪。乳白色的米酒显得有些混浊，边患没有解除，将士们没有像东汉窦宪那样击败匈奴，登上燕然山刻碑纪功，因此他们思归无计。远方悠悠的羌笛声搅得将士们难以入梦，苦苦思念着万里之遥故乡的亲人，满头霜雪的老将军擦干思乡之泪，在恋家与报国中以戍边军务为重，不建功勋于边陲，是不打算回乡的。

词的意境开阔苍凉，形象生动鲜明，写出了词人忧国爱家的深沉复杂的感情。

▌知识延伸

燕然勒功

　　燕然勒功也称为"燕然勒石"，指把记功文字刻在石上，也指建立功勋。后世诗人经常使用这一典故。

　　燕然山是今蒙古国境内的杭爱山。汉朝与匈奴长期交战，卫青、霍去病相继大举北伐，但北疆之患仍绵延不绝。东汉大将军窦宪出击北匈奴，在稽落山（今蒙古国境内额布根山）与北匈奴单于作战，敌众溃散，单于逃走。窦宪率军追击，直到私渠比鞮海（今蒙古国乌布苏诺尔湖）。这次战役出塞三千余里，共斩杀名王以下13000多人，俘获马、牛、羊、驼百余万头，前来投降的有81部，前后20多万人。于是窦宪登上燕然山，刻石勒功，记述大汉威德，并命令史学家班固作铭。此次大举出击引起北匈奴的西迁，西方世界被搅得天翻地覆，最终导致罗马帝国的土崩瓦解。

▌诗词游戏

　　填写诗句的下一句。

报	君	黄	金	台	上	意

哲理诗往往表现诗人的某种哲学观点，反映一定的哲学道理，但优秀的哲理诗，通常具有生动活泼的意象，含蓄巧妙地将抽象的哲理，蕴含于鲜明的艺术形象之中。

　　比如，王之涣《登鹳雀楼》一诗，写诗人登上鹳雀楼，极目远眺而悟出一个深刻的哲理——"欲穷千里目，更上一层楼"。如果你想看得更远，请再登上一层高楼，说明人要不断拓宽视野，必须高瞻远瞩。只有站得高，才能看得远；晏殊《浣溪沙》"无可奈何花落去，似曾相识燕归来"，写出了"美总是乍现就凋零"的朴素哲理——美好的事物总是走得太急，无法挽留，只不过是似曾相识而已；龚自珍《己亥杂诗》（其五）"落红不是无情物，化作春泥更护花"，引人深思，落红并不是无情的，即使化作春泥，也愿培育春花成长，表明诗人关心国家命运的壮烈情怀。

自缘身在最高层

哲理篇

登鹳雀楼

[唐] 王之涣

白日依山尽°，黄河入海流。

欲穷千里目°，更上一层楼。

注
释
○ 白日：太阳。依：依傍。尽：消失。
○ 欲：希望、想要。穷：尽，使达到极点。千里目：眼界宽阔。

▎关于作者

王之涣：作者介绍见其诗《凉州词》。

▎作品赏析

此诗为鹳雀楼上一首不朽的千古绝唱。前两句写景，开笔即有缩万里于咫（zhǐ）尺的气势：远方，一轮落日在连绵起伏的群山尽头缓缓而没；眼前，流经楼前的黄河奔腾咆哮、滚滚而来，它宛若一条飘带飞舞于层峦叠嶂之间，最终流归大海。诗人登上鹳雀楼，远眺落日衔山、黄河东流，面对自然界永恒的运动，心灵受到震撼，从而悟出朴素而深刻的哲理：如果想遍览千里河山，请再登上一层高楼。

人要不断拓宽美好而崭新的境界，必须抛弃故步自封的浅见陋识，高瞻远瞩。此诗气势磅礴，意境深远，激励人们昂扬向上，积极探索宇宙人生。王之涣因这首五言绝句而名垂千古，鹳雀楼因此诗而名扬中华。

▎知识延伸

王之涣与鹳雀楼

鹳雀楼又名"鹳鹊楼"，旧址在山西蒲州西南，位于黄河边的高阜（fù）之处，经常有鹳雀栖息楼上，因而得名鹳雀楼。唐代鹳雀楼属于河中府，楼高三层，前瞻中条山，下瞰（kàn）黄河，唐人留诗很多。北宋沈括《梦溪笔谈》曾指出，唐人在鹳雀楼留下的诗中，唯有李益、王之涣、畅当的三篇最为著名。李益的《同崔邠登鹳雀楼》是一首七律；畅当所写也是一首五绝，也名为《登鹳雀楼》："迥临飞鸟上，高出世尘间。天势围平野，河流入断山。"诗的意境也颇为壮阔，不失为一首佳作，但在王之涣此诗面前，终逊（xùn）一筹，因此王之涣此诗得以独步千古。

根据专家学者对唐诗影响力的研究，在中华书局《唐诗排行榜》一书中，王之涣的《登鹳雀楼》排名高居第四位。

大林寺桃花°　　［唐］白居易

人间四月芳菲尽°，

山寺桃花始盛开。

长恨春归无觅处，

不知转入此中来。

注释

○ 大林寺：在庐山大林峰，相传为晋代僧人昙诜（shēn）所建，为我国佛教圣
地之一。

○ 芳菲：盛开的花，泛指花草艳盛的阳春景色。

关于作者

白居易：作者介绍见其诗《钱塘湖春行》。

作品赏析

　　这首小诗平淡自然，但意境深邃，富于情趣，短短四句写出山高地深之处，节气时令与平地聚落不同的植物景观。诗人登山时已届孟夏，平地村落已经是落英缤纷、芳菲将尽的时候。但在高山古寺之中，诗人却意想不到地遇到一片桃花盛开的春景。诗人在登临之前，就为春光匆匆而去感到怜惜，当这片春景映入眼帘时，他感到欣喜惊异，原来春天和我们玩捉迷藏，偷偷躲到这个地方来。

知识延伸

大林寺桃花晚开之谜

　　大林寺桃花比山下桃花开得迟，应该是受了气温垂直变化的影响。在山区，气温是随着地势高度的上升而递减，一般而言海拔每升高100米，气温下

降0.6℃。当山地起伏、地势险峻时，气温的垂直差异就更为明显，处于不同海拔的植物景观必然会出现差异，呈现出"一山有四季，十里不同天"的特色。大林寺位于今日庐山花径风景区，比山下平原高出1100多米，气温比平原一带低6℃～7℃，加上庐山地处长江与鄱阳湖之间，水汽凝结，云雾弥漫，日照不足，使山上气温降得更低，因此春天姗姗来迟，造成大林寺桃花盛开晚于山下平原。

▌诗词游戏

　　填写诗词所缺部分。

红	军	不	怕			
万	水	千	山			

浣溪沙

［宋］晏殊

一曲新词酒一杯，去年天气旧亭台。夕阳西下几时回？ 无可奈何花落去，似曾相识燕归来。小园香径独徘徊。

关于作者

晏殊（991—1055）：字同叔，抚州临川（今属江西）人，北宋政治家、文学家，在北宋词坛上，与其子晏几道被称为"大晏"和"小晏"。晏殊以词著称于文坛，风格含蓄婉丽，多表现诗酒生活和闲情逸致，其中《浣溪沙》"无可奈何花落去，似曾相识燕归来"为千古传诵的名句。

作品赏析

此为晏殊词中脍炙人口的名篇。作为安富尊荣、崇文尚雅的"太平宰相"，歌舞诗酒是他娱情遣兴的方式之一。"一曲新词酒一杯"展现了"对酒当歌"的情景，在词人的记忆中，最难以忘怀的却是去年的那次歌宴，当时的阳春美景、听歌亭台与眼前的并无差异，诗人故地重游，不免怀旧，蕴含着一种景物依旧而人事全非之感。时光匆匆，夕阳西下何时才能回转？花儿无可奈何地凋落了，似曾相识的春燕又飞回来了，词人独自在幽香的小径处伤感徘徊。人生何尝不是如此？美好的事物总是走得太急，无法挽留，只不过是似曾相识而已。

登飞来峰° 　　　［宋］王安石

飞来山上千寻塔°，

闻说鸡鸣见日升。

不畏浮云遮望眼，

自缘身在最高层。

注释
○ 飞来峰：浙江绍兴城外的宝林山，唐宋时山上有应天塔，俗称"塔山"。
传说此山自琅琊郡东武县（今山东诸城）飞来，故名。
○ 千寻塔：极言塔高，古以八尺（一说七尺）为一寻，形容高耸。

▌关于作者

作者介绍见其诗《梅花》。

▌作品赏析

　　皇祐二年（1050）夏天，王安石在浙江鄞（yín）知县任满，回江西临川故里时，途经杭州，写下此诗。此时王安石正值而立之年，初涉宦海，年少气盛，抱负不凡，借登飞来峰寄托壮怀，抒发胸臆，可看作是他给宋神宗上万言书、实行新法的前奏。飞来峰在杭州西湖灵隐寺前，而峰上更有千寻之塔，诗人借此说明自己的立足点很高。接着写出在高塔上看到辉煌的旭日东升景象，表现了诗人对前途充满信心。诗的后两句借景抒情，古人常有浮云蔽日、邪臣蔽贤的忧虑，而诗人却不畏惧，原因在于诗人身在最高处，在政治上能够高瞻远瞩。

观书有感（其一） ［宋］朱熹

半亩方塘一鉴开，

天光云影共徘徊。

问渠那得清如许？

为有源头活水来。

注释

○ 渠：第三人称代词，它，这里指方塘之水。那得：怎么会。清如许：这样清澈。

▍关于作者

朱熹：作者介绍见其诗《春日》。

▍作品赏析

此诗是抒发读书体会的哲理诗，只有半亩地的一方池塘，却像一面镜子澄澈明净，"天光云影"闪耀浮动，情态毕现，作为景物描写能使人心情澄净，又蕴含着哲理："半亩方塘"的水很深很清，才能映出"天光云影"；反之如果很浅很浊，就不能映出。

诗人进一步提出问题：为什么方塘的水如此清澈？于是诗人放开眼界，从远处看到了方塘的"源头活水"。方塘有永不枯竭的"源头活水"不断输入，所以才永不陈腐，永不污浊。

▍知识延伸

朱熹与岳麓书院

岳麓书院兴盛于宋代，与河南登封"嵩阳书院"、河南商丘"应天书院"、江西庐山"白鹿洞书院"，并称中国四大书院。

　　在岳麓书院大门上，高悬"惟楚有材，于斯为盛"的对联，曾使多少潇湘子弟引以为傲。当年朱熹曾与张栻（shì）联袂，在御书楼宽大的讲堂讲学，历时两个月，史称"朱张会讲"。这次讲学吸引了大批士子纷纷前来听讲，"方其盛也，学徒千余人""一时舆马之众，饮池水立涸"。如今两张讲桌置于张栻撰写的《岳麓书院记》屏风前，左右两壁镶嵌着朱熹手书的"忠孝廉节"四字石碑。朱熹将中国书院文化推向顶峰，岳麓书院的闻名遐迩，与朱熹讲学密不可分。

▍诗词游戏

　　填写诗中所缺的部分。

飞	来	山	上	千	寻	塔
自	缘	身	在	最	高	层

观书有感（其二）　［宋］朱熹

昨夜江边春水生，

蒙冲巨舰一毛轻°。

向来枉费推移力°，

此日中流自在行。

注释
　○ 蒙冲：古代战船名，此处泛指大船。一毛轻：轻如一片羽毛。
　○ 枉费：白白花费。

关于作者

朱熹：作者介绍见其诗《春日》。

作品赏析

　　此诗借助江水涨潮利于行船的生动意象，来讲述学习的道理：昨晚江水涨起春潮，水面上升了许多，大船在水面上航行像羽毛一般轻盈。原先白费力气推船拉船，现在船在江中却能自由自在顺水而行。诗人以两种境界来比喻读书的两种情况：读书开始时很费力，就像水浅时，蒙冲巨舰要行驶，即使费力推动，大船也难以行驶。书读到一定程度，工夫到了就会理明神澈，好像春水涨了，巨舰浮起来，就能自由自在航行。艺术创作需要灵感，而"一夜春潮"就像灵感"文思勃发"一样被激发。

知识延伸

程朱理学

　　程朱理学也称"程朱道学"，是宋明理学的主要派别之一，也是理学各派中对后世影响最大的学派之一，创始人为北宋的周敦颐、邵雍及张载。"二

程"即程颢和程颐兄弟继续发展，最终由南宋朱熹集其大成，因此被称为"程朱理学"，在元、明、清时期为朝廷的官方思想。

程朱理学认为，"理"是宇宙万物的起源，是哲学的最高范畴，认为理无所不在，不生不灭，不仅是世界的本原，还是社会生活的最高准则。

▎诗词游戏

补全古诗所缺部分。

人	间	四	月		
山	寺	桃	花		

雪　梅　　　　［宋］卢钺

梅雪争春未肯降°，

骚人阁笔费评章°。

梅须逊雪三分白°，

雪却输梅一段香。

注释

○ 降（xiáng）：服输。

○ 骚人：诗人。因屈原作《离骚》，故称屈原为骚人，后世泛指文人、诗人。
阁（gē）：同"搁"，放下。评章：费心评议，评价，此处指评论梅与雪的高下。

○ 逊：比不上，不如。

关于作者

卢钺（yuè）：生卒年不详，闽县（今福建福州）人，南宋末年著名诗人，官至户部尚书，因酷爱梅花而别名梅坡。

作品赏析

雪、梅都是报春的使者，但在诗人卢钺笔下，梅与雪为了争春而发生冲突，它们都认为是自己装点了春光，谁也不肯相让。诗人也犯愁了，很难写评判文章，把雪与梅分个高低上下。最后诗人巧妙指出：梅不如雪白，雪没有梅香，这样一语道出了雪、梅各执一端的根据。读完全诗，让人感觉既有情趣，也有理趣。

题西林壁 °　　　[宋] 苏轼

横看成岭侧成峰，
远近高低各不同。
不识庐山真面目，
只缘身在此山中°。

注
释
○ 西林：指西林寺，在今江西庐山脚下。题：书写，题写。
○ 缘：因为，由于。

关于作者

苏轼：作者介绍见其诗《惠崇春江晚景》。

作品赏析

这是一首哲理诗。当时苏轼由黄州贬到汝州，任团练副使，路过九江游览庐山，而写下《题西林壁》一诗。

开头实写游山所见，形象地写出千姿百态的庐山风景：庐山峰峦起伏，丘壑纵横，游人所处位置不同，看到的景物也各不相同。接着借景说理，指出人们为何不能辨认庐山的真实面目，因为身在山中，视野受到局限，看到的只是一峰一岭、一丘一壑而已，这必然带有片面性。事实上，人们对客观事物的认识何尝不是如此？要认识事物的真相与全貌，必须超越狭小的范围，摆脱主观成见。

知识延伸

苏轼诗文名句

1. 粗缯大布裹生涯，腹有诗书气自华。——《和董传留别》
2. 且将新火试新茶，诗酒趁年华。——《望江南·超然台作》
3. 长恨此身非我有，何时忘却营营。——《临江仙·夜归临皋》
4. 枝上柳绵吹又少，天涯何处无芳草。——《蝶恋花》
5. 春宵一刻值千金，花有清香月有阴。——《春宵》
6. 蓼茸蒿笋试春盘，人间有味是清欢。——《浣溪沙》
7. 竹杖芒鞋轻胜马，谁怕，一蓑烟雨任平生。——《定风波》
8. 人生到处知何似，应似飞鸿踏雪泥。——《和子由渑池怀旧》

渔家傲

〔宋〕李清照

天接云涛连晓雾，星河欲转千帆舞。仿佛梦魂归帝所°，闻天语，殷勤问我归何处。　我报路长嗟日暮，学诗谩有惊人句°。九万里风鹏正举°。风休住，蓬舟吹取三山去°！

注释

○ 帝所：天上的宫殿。

○ 学诗谩有惊人句：化用杜甫诗《江上值水如海势聊短述》"语不惊人死不休"的名句，说明诗人作诗对遣词造句的精心考虑，也代指诗人成就斐然。谩，同"漫"，徒然，空有。

○ 举：飞起。

○ 三山：传说中海上的蓬莱、方丈、瀛洲三座神山。

关于作者

李清照（1084—约1155）：号易安居士，山东济南章丘人，宋代著名婉约派女词人，有"千古第一才女"之称。李清照出身于书香门第，早年生活优裕，婚后与丈夫赵明诚共同搜集整理书画金石。金兵入据中原时，她流寓南方，境遇孤苦。

李清照的词风以南渡为界，分为前、后两个时期，前期多写悠闲的闺阁生活，格调活泼明快。南渡后丈夫赵明诚去世，国破家亡之感使她的词作格调转向沉郁忧伤，多悲叹身世，著有《漱玉词》。

▌作品赏析

此词作于李清照南渡后。词的起始句描写迷雾云绕、天地难分的自然景观，从"仿佛"开始进入梦境，词人梦见自己进入了天帝的宫阙，与天帝对话，借自己与天帝对话的情境抒发胸臆：前方路长，人生苦短，神鹏正往南飞，词人欲往仙山去。词人把自己生活中的种种感悟和想法融入梦境中，借与天帝对答之机吐露心声，表现出词人对现状的不满，以及欲似神鹏那般高飞猛进的雄心。全词气概豪迈健举，借此可以管窥词人性格中的豪爽。李清照属于婉约派词人，而这首词气势磅礴豪迈，是李清照词中的浪漫主义名篇。

▌知识延伸

李清照与"李三瘦"的雅号

山东济南市章丘区建有李清照纪念馆，在正厅门前的抱柱上有郭沫若题写的对联："大明湖畔，趵突泉边，故居在垂杨深处；漱玉集中，金石录里，文采有后主遗风。"这是对女词人身世与作品的高度概括。诗人臧克家为李清照纪念堂题写的对联："大河百代，众浪齐奔，淘尽万古英雄汉；词苑千载，群芳竞秀，盛开一枝女儿花。"更是明确了李清照在宋代词坛上的地位。金石书画家马公愚题李清照纪念堂："载酒江湖，人比黄花更瘦；校碑栏槛，梦随玉笛俱飞。"对联中巧用了李清照的词句。

李清照作词，喜欢用"瘦"来描绘花容人貌，其中有三句千古闻名，一是《凤凰台上忆吹箫》中"新来瘦，非干病酒，不是悲秋"；二是《如梦令》中"知否，知否，应是绿肥红瘦"；三是《醉花阴》中"莫道不消魂，帘卷西风，人比黄花瘦"。因此，李清照除"易安居士""婉约宗主""词国皇后"等雅号外，还被冠以"李三瘦"的称号。

己亥杂诗°（其五）　　［清］龚自珍

浩荡离愁白日斜，

吟鞭东指即天涯°。

落红不是无情物，

化作春泥更护花。

注释
○ 己亥：指清道光十九年，即公元 1839 年，鸦片战争爆发的前一年。
○ 吟鞭：诗人的马鞭。东指：东方故里。天涯：指离京都距离很远。

关于作者

龚自珍（1792—1841）：字璱（sè）人，号定盦（ān），浙江仁和（今杭州）人，清末思想家、文学家。其出身于世代官宦学者家庭，父亲龚丽正，官

至江南苏松太兵备道，署理江苏按察使，母亲段驯是著名汉学家段玉裁之女。龚自珍主张革除弊政，抵制外国侵略，全力支持林则徐禁除鸦片。1839年辞官南归，1841年暴卒于江苏丹阳的云阳书院。他的诗文主张"更法""改图"，批评清王朝腐朽，洋溢着爱国热情，被柳亚子誉为"三百年来第一流"，著有《定盦文集》。

▋作品赏析

官场的倾轧，壮志的难酬，使诗人不得不辞别京师，乘坐马车南归故里。诗人的离愁别绪已然浩浩难禁，何况正值夕阳西坠、日暮将近之际！天涯、日暮、落花写出了诗人此时的心绪。接着诗人以落花自省，从落花联想到春泥，把自己不甘寂寞消沉的意志和变革现实的热情，移情于落花，然后为落花立言，向春天宣誓，倾吐诗人深曲的心意：落红并不是没有感情，即使化作春泥，也甘愿培育美丽的春花成长。

这表明诗人虽然脱离官场，但依然不忘报国之志，关心国家的命运，表达了诗人的壮烈情怀。

▋知识延伸

馆阁体与清代科举考试

明清科举考试特别注重书法，清代尤甚。书法不好会影响进士录取，而通用书体是馆阁体。馆阁体在中国书法史上属于比较特殊的一种楷书类型，是明清科举取士书体的产物。它是流行于馆阁翰苑的书写风格，无论科举试场还是官方公文与文献，必须使用馆阁体抄写，人们熟知的《永乐大典》《四库全书》，都采用这种字体。馆阁体强调楷书的共性，字迹圆润丰满，方正光洁，美观大方，使科举文与政府公文达到了整齐划一、规范清晰的效果，但不讲究个性风格，显得拘谨刻板。清代取士更是走向极端，出现了只看书法不论才华的风尚。著名思想家龚自珍曾经因为书法不好，长期不能取中进士，他直到39岁六次参加会试，才成为进士。

爱国主义是中华民族的优良传统。千百年来,无数仁人志士"位卑未敢忘忧国",历代诗人将这种精神形之于诗,即为爱国诗。

　　爱国诗或表现爱国情操和民族气节,或抒发对祖国人民的热爱,或表达英勇杀敌、为国建功的凌云壮志。比如,文天祥抗元失败被俘,写下《过零丁洋》一诗,来表现诗人慷慨激昂的爱国热情与视死如归的高风亮节,"人生自古谁无死?留取丹心照汗青",激励着古往今来的志士仁人为正义事业而英勇献身;秋瑾是清末著名的革命家,她生为女儿身却满腔豪气,一生致力于民族革命。她在《满江红》一词中,深深为祖国遭受的苦难而担忧,发出"身不得,男儿列,心却比,男儿烈"的豪言壮语。

但悲不见九州同

爱国篇

春 望　　[唐] 杜甫

国破山河在°，

城春草木深。

感时花溅泪，

恨别鸟惊心。

烽火连三月°，

家书抵万金°。

白头搔更短，

浑欲不胜簪°。

注释

○ 国：指国都长安，今陕西西安。破：陷落。

○ 烽火：古时边防报警的烟火，这里指安史之乱的战火。

○ 抵：值，相当。

○ 浑：简直。欲：想要，就要。胜：能承受。簪（zān）：一种束发的首饰。古代男子蓄长发，成年后束发于头顶，用簪子横插住，以免散开。

▎关于作者

杜甫：作者介绍见其诗《江畔独步寻花》。

▎作品赏析

天宝十四年（755），安禄山起兵反唐，次年叛军攻陷长安，至德二年（757）春，杜甫目睹长安城一片萧条的景象，百感交集，写下此诗。

前四句写春日长安凄惨破败的景象，饱含兴衰之感：长安沦陷，国家破

碎，只有山河依旧；春天到了，长安城里草木茂密，本应风景明丽的春天却失
去了昔日的光彩，只留下颓垣残壁。花儿娇艳明媚，鸟儿欢呼雀跃，歌声委婉
悦耳，本应给人以愉悦，但诗人感伤国事，不禁对着花儿涕泪四溅，听到鸟鸣
而心惊胆战，徒增离愁别恨，这里，诗人采用以乐景写哀情的艺术手法，表现
了强烈的黍离之悲。

　　后四句写诗人挂念亲人、心系国事的情怀：战争的烽火已经持续了一个
春天，诗人自己被俘扣留在敌营，好久没有妻子儿女的音信，他们生死未卜，
一封家书抵得上万两黄金，反映出广大人民反对战争、期望和平安定的美好愿
望。诗人忧心朝廷，惦念亲人，身陷长安数月，头发更为稀疏，用手搔发，顿
觉稀少短浅，简直连发簪也插不住了。诗人由国破家亡、战乱分离写到自己的
衰老。此诗情景交融，感情深沉而又含蓄凝练，充分体现了诗人"沉郁顿挫"
的艺术风格，展现出诗人忧国忧民、感时伤怀的高尚情感。

┃ 知识延伸

中国古代烽燧

　　烽燧是中国最古老的军事防御设施。若有外敌入侵，白天点燃掺有狼粪的柴草，可以使浓烟直上云霄，不易被风吹斜；夜里则点燃加有硫磺、硝石的干柴，这样可以强化视觉效果，战争信息得以传递。唐代诗人王维《使至塞上》有"大漠孤烟直，长河落日圆"的诗句，其中"大漠孤烟直"就是边塞烽燧升起狼烟的景象。

　　早在三千多年前，中国就利用烽燧通报军情。烽燧在类似长城的长距离连续性防御之后才出现。传说西周为了防备犬戎进攻，在骊山一带修筑烽火台。西周末年，周幽王好美色，为了博取宠妃褒姒一笑，烽火戏诸侯。

　　新疆作为丝绸之路的咽喉地带，汉唐烽燧遗址遍布全境，这些烽燧与长城相呼应，形成自东向西的防御线，保护丝绸之路得以畅通。西域烽燧就地取材，用土夯筑而成，外观呈圆锥体或方锥体，在土坯层间夹有芨芨草、红柳和胡杨等，使烽燧坚固耐用，增强其抵抗风蚀的能力。汉代守烽燧的人数有五六人或十多人，其中有燧长一人。戍卒平日收集柴草狼粪，专事守望，千里警情烽烽相传，燧燧相接，一日到达，好比古代的"光通讯"。

┃ 诗词游戏

　　填写诗句的上一句。

八	年	风	味	徒	思	浙

闻官军收河南河北 ［唐］杜甫

剑外忽传收蓟北°，初闻涕泪满衣裳°。

却看妻子愁何在°，漫卷诗书喜欲狂。

白日放歌须纵酒，青春作伴好还乡°。

即从巴峡穿巫峡，便下襄阳向洛阳。

注释

○ 剑外：四川剑门关以南，指诗人所在蜀地。蓟北：泛指唐朝幽州、蓟州北部一带，当时是安史叛军的根据地。

○ 裳（cháng）：古代指下身穿的衣服，类似现代的裙子。

○ 却看：回头看。妻子：妻子和孩子。

○ 青春：指春光美好。

关于作者

杜甫：作者介绍见其诗《江畔独步寻花》。

作品赏析

此诗作于宝应二年（763）春，杜甫为避成都之乱住在梓州（今四川绵阳三台）。前年十月官军第二次收复河南道的洛阳及其以东的郑州、滑州、汴州地区，接着官军进攻河北，到第二年正月，河北叛军归降，持续七年的安史之乱彻底平定。杜甫听到消息欣喜若狂，写下此诗。

诗的前半部分描写初闻"收蓟北"的狂喜：突然之间蜀中遍传官军收复蓟北的消息，持续七八年的战乱即将结束，杜甫悲喜交集，不禁"涕泪满衣裳"。诗人回头看到同受战乱之苦的妻儿，他们喜笑颜开。于是诗人无心伏案，随手卷起诗书与家人同喜同乐。后半部分写诗人做返乡准备：诗人对妻子说道，大好日子里应该放歌与纵酒，欢庆胜利，在春光明媚之际做伴还乡。

诗人身在梓州，而"心"已沿着涪（fú）江，进入嘉陵江穿过巴峡，再入长江出巫峡，顺流直下襄阳，再转路奔向洛阳，回到故乡。此诗处处流露出一个"喜"字，被称为杜甫"生平第一快诗"。

秋夜将晓出篱门迎凉有感　　〔宋〕陆游

三万里河东入海°，

五千仞岳上摩天°。

遗民泪尽胡尘里°，

南望王师又一年°。

注释

○ 三万里：虚指黄河的长。河：指黄河。

○ 仞（rèn）：古代计算长度的单位，周尺八尺或七尺为一仞。五千仞，形容很高。岳：指五岳。摩天：接近高天，形容极高。摩，摩擦，接触。

○ 遗民：指生活在金占领区的汉族人民。胡尘：指金的统治，也指胡人骑兵的铁蹄践踏扬起的尘土。胡，中国古代对北方和西北少数民族的泛称。

○ 王师：指南宋朝廷的军队。

关于作者

陆游：作者介绍见其诗《游山西村》。

作品赏析

绍熙三年（1192）十一月，陆游被罢斥退居家乡山阴，此时中原地区已沦陷金人统治60余年，但陆游依然盼望宋朝收复中原大好河山，实现国家统一。诗中北方中原奇伟壮丽的山河，长期处于金人的铁蹄蹂躏（róu lìn）之下，广大中原人民饱受压迫与折磨。他们生活在胡人骑兵的铁蹄下，在那扬起的尘土中眼泪流干了，年年盼望南宋军队北伐，可是年年愿望落空。而南宋统治者在西子湖畔醉生梦死，把大好河山丢在脑后，多么可悲可叹！诗人强烈的批判精神跃然纸上。

知识延伸

陆游诗词名句

1. 小楼一夜听春雨，深巷明朝卖杏花。——《临安春雨初霁》
2. 纸上得来终觉浅，绝知此事要躬行。——《冬夜读书示子聿》
3. 千年史册耻无名，一片丹心报天子。——《金错刀行》
4. 楚虽三户能亡秦，岂有堂堂中国空无人！——《金错刀行》
5. 出师一表真名世，千载谁堪伯仲间！——《书愤》
6. 位卑未敢忘忧国，事定犹须待阖棺。——《病起书怀》
7. 零落成泥碾作尘，只有香如故。——《卜算子·咏梅》
8. 壮心未与年俱老，死去犹能作鬼雄。——《书愤》

诗词游戏

填写诗句的上一句。

家	书	抵	万	金

示　儿　　　　［宋］陆游

死去元知万事空°，

但悲不见九州同°。

王师北定中原日，

家祭无忘告乃翁。

注释

○ 元：同"原"，指本来。

○ 但：只是。悲：悲伤。九州同：指国家统一。

▌关于作者

陆游：作者介绍见其诗《游山西村》。

▌作品赏析

此诗是陆游爱国诗的名篇，既有诗人对儿子的训诫，又是诗人的遗嘱，从中可以明显感知诗人最关心的是国家统一问题。

陆游生活的时代，南宋处于金的进攻之下，他一生致力于抗金斗争，希望收复中原，至死初衷未改。诗人知道，人死后就万事皆空了，但国家分裂始终是他最牵挂的事情，见不到国家统一是他最大的遗憾。诗人嘱咐儿子，假如有一天朝廷军队统一国家，祭祀的时候一定不要忘了告诉他。在诗人看来，国家统一是历史发展的必然趋势，期盼统一是中原人们共同的心愿。陆游的爱国精神，光照千秋。

▌知识延伸

古人的字号称谓

古代习俗，无论日常交往还是鸿雁传书，一般都不直呼其名，而以尊称代替。尊称可谓多种多样：一是称字。古人称名有讲究，直呼其名往往是不尊重人的表现，所以交往时多称其字。如司马迁字子长，陶渊明字元亮，李白字太白，杜甫字子美，韩愈字退之，等等。

二是称号。号由本人取定，以显示某种志趣，如陶渊明号五柳先生，李白号青莲居士，杜甫号少陵野老，白居易号香山居士，苏轼号东坡居士，陆游号放翁，等等。

三是称谥号。古代王侯将相死后有追加的谥号，如欧阳修为欧阳文忠公，王安石为王文公，范仲淹为范文正公。而奸臣秦桧谥号缪丑，则是一种"恶谥"。

四是称籍贯。如孟浩然称孟襄阳，张九龄称张曲江，柳宗元称柳河东，王安石称王临川，都是称呼籍贯。清末有一副名联"宰相合肥天下瘦，司农常熟世间荒"上联"合肥"指安徽合肥人李鸿章，下联"常熟"指江苏常熟人翁同龢。

五是称郡望。韩愈虽是河阳人，但因昌黎为唐代韩氏郡望，故而韩愈常以"昌黎韩愈"自称，世人遂称其为韩昌黎。再如苏轼本是四川眉州人，因赵郡是苏氏的郡望，因而自称"赵郡苏轼"。

题临安邸°

［宋］林升

山外青山楼外楼，西湖歌舞几时休？

暖风熏得游人醉，直把杭州作汴州°。

注释

○ 临安：在今浙江杭州，是南宋的都城。邸（dǐ）：旅店。

○ 直：简直。汴州：指北宋都城。

关于作者

林升：字云友，又字梦屏，温州平阳（今浙江平阳）人，大约生活在南宋孝宗时期，是一位擅长诗文的士人。

▍作品赏析

　　"靖康之变"后，北宋两位皇帝被金兵掳走，朝廷迁都临安。然而南宋统治集团不思国家统一，反倒大兴宫阙，这激起了诗人的反感，愤慨之下而作此诗，字间句里透着焦急与责备。

　　山外还有青山，楼外还有高楼，总有赏不尽的美景，西湖上的歌舞何时才能停下来啊？南方春风和煦让人陶醉，以至游人都把杭州当作汴州了。此处用西湖歌舞比喻上层统治者纵情声色，只顾享乐。在诗人看来，纵使杭州的风景再美，中原衣冠士族始终都是"游人"，游人总是要归家，他们的家在汴州。诗人借此讽刺统治者沉迷于杭州美景歌舞，把统一国家的事全然抛在脑后，表现出诗人对中原统一的殷切期望和对统治者纵情歌舞的不满。

▍知识延伸

宋代热闹非凡的夜生活

　　唐代实行宵禁，规定城、坊、市的门必须在晚上关闭。此时，大街上除了巡逻的士兵、衙差、打更人外，其他人一律按盗贼抓捕，动乱时期甚至可以按谋逆论处。唐代夜市只在少数商业繁盛区，且限于达官贵族纵情声色。

　　宋代解除了宵禁，都城东京（即今开封）夜市热闹非凡，而且针对普通市民开放，从酒楼、茶馆不时传来欢快的作乐声，市民的欢笑声，丝竹管弦之调与开怀畅饮之声，甚至传入深宫宋仁宗的耳畔，他不禁感慨宫中冷清，羡慕起高墙外面的夜市生活。"忆得少年多乐事，夜深灯火上樊楼"，即是宋代夜市的真实写照。以东京马行街夜市为例，街长达数十里，遍布店铺商号，还夹杂着官员府邸，坊巷市肆鳞次栉（zhì）比，街上车水马龙，灯火通明。大文豪苏轼感叹道："蚕市光阴非故国，马行灯火记当年。"

　　在宋代，市民无论何等身份，只要付出酬劳，就可以在夜市上找到适合自己的消遣方式。茶坊吸引仕女结伴来夜游吃茶；官吏深夜回家，由于路远便到市桥租赁马匹。那些提瓶卖茶的小贩，为了等待深夜才归的衙门人员，竟然整夜在市场上守候着。

过零丁洋°

［宋］文天祥

辛苦遭逢起一经°，干戈寥落四周星°。

山河破碎风飘絮，身世浮沉雨打萍。

惶恐滩头说惶恐°，零丁洋里叹零丁°。

人生自古谁无死？留取丹心照汗青°。

注释

○ 零丁洋：即"伶仃洋"，在今广东珠江口外。宋末帝赵昺（bǐng）祥兴元年（1278）年底，文天祥率军在广东五坡岭与元军激战，兵败被俘，囚禁船上，曾经过零丁洋。

○ 起一经：因为精通一种经书，通过科举被任用为官。

○ 干戈：原指兵器，指抗元战争。寥落：稀少，指抗元战事渐渐消歇。

○ 惶恐滩：在今江西万安，是赣江中的险滩。宋端宗景炎二年（1277），文天祥在江西被元军打败，经过惶恐滩撤到广东。

○ 零丁：孤苦无依的样子。

○ 汗青：指史册。古代用竹简写字，先用火烤干其中的水分，干后易写而且不受虫蛀，称为"汗青"。

关于作者

文天祥（1236—1283）：字履善，一字宋瑞，号文山，吉州庐陵（今江西吉安）人，南宋大臣、文学家。宋理宗宝祐四年（1256）进士第一。宋恭帝德祐元年（1275）元兵东下，文天祥在赣州组织义军，保卫都城临安（治今浙江杭州）。次年，拜右丞相兼枢密使，出使元军议和，被扣留，后于镇江脱险，逃至通州（治今江苏南通），转战赣闽等地，收复州县多处。宋末帝祥兴元年（1278）兵败被俘，誓死不屈，在大都（今北京）就义。文天祥的诗词多抒发他宁死不屈的决心，著有《文山先生全集》。

作品赏析

此诗情调高昂，表现了诗人慷慨激昂的爱国热情、视死如归的高风亮节以及舍生取义的人生观。首联"起一经"指文天祥因为精通经书，20岁考中进士而被任用为官；"干戈"指代抗元战争，从德祐元年（1275）文天祥起兵抗元，到祥兴元年（1278）被俘，恰为四个年头。读经、科举、入仕、治国安邦是士大夫必然的人生选择，文天祥遇难时，衣带中留有自赞文："读圣贤书，所学何事，而今而后，庶几无愧。"但是抗元战争失败了，国家危在旦夕，恰如狂风中飘飞的柳絮；而诗人自己、老母被俘，妻妾被囚，大儿阵亡，真像暴风骤雨里的浮萍无依无附，景象凄凉。颈联追述今昔处境与心情，昔日在惶恐滩头兵败，身为战将的诗人忧国忧民，惶恐不安；而今沦为阶下囚，在零丁洋上孤身一人，自叹伶仃。尾联笔势一转，全诗格调由沉郁苍凉转为豪放洒脱。"人生自古谁无死？留取丹心照汗青"，让赤诚的心照耀史册，照亮人生。

文天祥把作诗与做人、诗格与人格浑然融为一体，激励和感召古往今来无数志士仁人为正义事业英勇献身。

诗词游戏

填写诗句的下一句。

山	外	青	山	楼	外	楼

己亥杂诗°　　［清］龚自珍

九州生气恃风雷°，

万马齐喑究可哀°。

我劝天公重抖擞°，

不拘一格降人材。

注释

○ 己亥：指道光十九年，即 1839 年，鸦片战争爆发的前一年。

○ 九州：指代中国。生气：指生机勃勃的局面。恃（shì）：依靠。风雷：比喻疾风迅雷般的社会变革。

○ 万马齐喑（yīn）：比喻政治局面毫无生气。喑，哑，没有声音。究：终究、毕竟。

○ 天公：造物主，也代指皇帝。抖擞：振作精神。

▌关于作者

龚自珍：作者介绍见其诗《己亥杂诗》（其五）。

▌作品赏析

这是一首出色的政治诗。开篇写清代中期的社会现实是一片万马齐喑，朝野上下是噤（jìn）若寒蝉的死气沉沉。接着诗人指出要改变这种现状，就必须依靠风雷激荡、波澜壮阔的社会变革，才能使中国变得生机勃勃。

最后诗人指出，这样的变革力量来源于人才，而朝廷应该做的就是破格提拔使用人才，这样中国才有希望。此诗寓意深刻，气势磅礴。

▌知识延伸

古汉语中的"中国""九州""赤县"

在当代汉语中，"中国"为中华人民共和国的简称，但在古代文献中，从春秋战国直到宋元明清，"中国"多泛指中原地区，比如司马光《赤壁之战》中有"驱中国士众远涉江湖之间"等语，这里的"中国"即指中原地区。

古代常以"九州""赤县"代称中国。传说我国上古时期将天下划分为九个行政区域，即九州，分别是冀州、兖（yǎn）州、青州、徐州、扬州、荆州、豫州、梁州、雍州，后来"九州"成为中国的别称。陆游《示儿》中写道："死去元知万事空，但悲不见九州同"其中的"九州"即指中国。

古人还把中国称作"赤县神州"，辛弃疾《南乡子》："何处望神州，满眼风光北固楼"此句中的"神州"也指中国。

▌诗词游戏

填写诗句的下一句。

辛	苦	遭	逢	起	一	经

人	生	自	古	谁	无	死

满江红

［清］秋瑾

　　小住京华，早又是中秋佳节。为篱下黄花开遍°，秋容如拭°。四面歌残终破楚°，八年风味徒思浙°。苦将侬强派作蛾眉°，殊未屑°！　　身不得，男儿列，心却比，男儿烈。算平生肝胆，因人常热。俗子胸襟谁识我？英雄末路当磨折。莽红尘何处觅知音？青衫湿！

注释

○ 黄花：指菊花。

○ 秋容如拭：秋色明净，就像擦洗过一般。

○ 四面歌残终破楚：借楚汉战争时四面楚歌的典故，比喻清朝被列强瓜分的现状。

○ 徒：空，徒然。浙：指秋瑾故乡浙江绍兴。

○ 蛾眉：指女子。

○ 殊未屑：很不屑，意为不甘心做女子。

关于作者

　　秋瑾（1875—1907）：字璿（xuán）卿，号竞雄，别署鉴湖女侠，近代民主革命女志士，祖籍浙江山阴（今绍兴），生于福建福州。她蔑视封建礼法，提倡男女平等，习文练武，曾东渡日本留学，积极投身革命，先后参加光复会、同盟会等革命组织。1907年与徐锡麟等组织光复军，拟在浙江、安徽起义，事泄被捕，在绍兴轩亭口就义。秋瑾工于诗词，作品宣传民主革命、妇女解放，笔调雄健，感情奔放，今有《秋瑾集》。

作品赏析

　　这首词是1903年中秋节的述怀之作。开篇写又是中秋佳节，词人已随夫在北京居住八年。篱下菊花秋意正浓，在这个本该团圆的日子里，国家四面楚歌，列强虎视眈眈，自己八年未归家乡，国和家都令人揪心。尽管如此，词人的豪气丝毫未减，生为女儿身，心比男儿烈。词人气度不凡，俗人有几个能了解她的胸怀与抱负？莽莽红尘中，又有多少人能像词人一样为国分忧？她又到哪里去寻觅知音？每每念及此，难免泪湿青衫。第二年即1904年春，词人只身东渡日本，参加了同盟会，得到孙中山的器重。

励志诗，顾名思义，就是能够激发一个人内心深处的力量、唤醒一个人内在的创造热情、激励一个人去建功立业的诗词。

　　本篇"励志诗"收录八首诗，汉乐府《长歌行》是一首惜时励志的古诗，"百川东到海，何时复西归"告诉我们应该珍惜宝贵的时光，"少壮不努力，老大徒伤悲"激励我们早日建功立业；《马诗》一诗表达了诗人李贺想建功立业、报效国家的壮志豪情；于谦从小志向远大，12岁便写出脍炙人口的《石灰吟》，以石灰为喻来表达不怕牺牲、坚守高洁情操的精神；郑燮《竹石》一诗托物言志，写出竹子顽强执着的品质，"咬定青山不放松，立根原在破岩中"实际写出诗人那种坚强不屈的性格，以及决不向邪恶势力低头的高风傲骨。

会挽雕弓如满月

励志篇

长歌行

汉乐府

青青园中葵，朝露待日晞°。

阳春布德泽，万物生光辉。

常恐秋节至，焜黄华叶衰°。

百川东到海，何时复西归？

少壮不努力，老大徒伤悲°！

注释

○ 晞（xī）：晒干。

○ 焜（kūn）黄：枯黄。华：同"花"。衰：读作"cuī"，是为了古诗谐韵。

○ 老大：年老。徒：徒然，白白地。

▎作品赏析

此诗是汉乐府中的名篇，运用一连串的比喻，来说明人应该好好珍惜时光，及早努力奋进。

诗的前四句描绘了一幅明媚绚丽的春景：园里绿油油的葵菜还带着露水，而朝阳升起之后，露水晒干了，葵菜又沐浴在一片阳光之中。世上的万物都享受着大自然雨露的恩惠，焕发出蓬勃的朝气。可是一到秋天，万物都会失去光泽，变得枯黄萎落。时间就像江河的水一样，一直向东流入大海，一去不复返。万物都有盛衰变化，人也会由年少变得衰老，如果少年时期不珍惜时光，好好努力，到老的时候就只能徒然悲伤！

这首诗由眼前的春光美景联想到人生易逝，鼓励青年人要珍惜时光，出言警策，催人奋起。

▎知识延伸

歌行体

歌行是我国古代诗歌的一种体裁，歌行体的音节、格律一般比较自由，采用五言、七言、杂言的古体，富于变化。明代文学家徐师曾《诗体明辨》解释说："放情长言，杂而无方者曰歌；步骤驰骋，疏而不滞者曰行；兼之者曰歌行。"

著名的歌行体诗歌有汉乐府《长歌行》，曹操的《短歌行》，杜甫的《茅屋为秋风所破歌》《兵车行》，白居易的《长恨歌》《琵琶行》，高适的《燕歌行》，等等。

▎诗词游戏

填写诗句的上一句。

任	尔	东	西	南	北	风

马　诗　　［唐］李贺

大漠沙如雪，

燕山月似钩°。

何当金络脑°，

快走踏清秋。

注释
○ 燕山：指燕然山，此处借指边塞。
○ 金络脑：以黄金作为装饰的马笼头。

关于作者

李贺：作者介绍见其诗《雁门太守行》。

作品赏析

　　《马诗》是诗人所作的一组五言绝句，共有23首，诗以马为喻，来表现志士的奇才异质、远大抱负以及不遇于时的感慨，此诗便是其中广为传诵的名篇。诗的前两句为读者展现出一幅辽阔壮丽的战场图：月夜之下平沙似雪，边塞疆场虽然寒气凛凛，但那是英雄用武之地，含蓄表达了诗人满心期待为国出力的迫切心情。后两句借马抒情，发出感叹："何时才能披上黄金装饰的马笼头，在清秋时节的疆场上驰骋作战呢？"诗人以名马自比，说明自己才华横溢，但尚缺伯乐发现自己，这是诗人所要表达的中心思想。

▎知识延伸

汗血宝马

历史上，张骞先后两次出使西域，促进了汉朝与西域各国的交流沟通，西域良马开始引入中原。据《史记·大宛列传》记载："大宛在匈奴西南……多善马，马汗血。"这是史书关于汗血宝马最早的记录。

汗血马指西域有名的大宛马，大宛马在高速疾跑后，肩膀慢慢鼓起，并流出像鲜血一样的汗水，因此又称"汗血宝马"。元鼎四年（前113）秋，有个名叫"暴利长"的敦煌囚徒，在当地捕得一匹汗血马献给汉武帝。汉武帝欣喜若狂，称其为"天马"。为了大量夺取汗血马，最初汉武帝派百余人的使团，带着一具用纯金制作的马前去大宛，希望以重金换回汗血马。结果被大宛国王拒绝，汉使在归途中被杀。汉武帝大怒，决定以武力夺取汗血马。公元前104年，李广利率军远征大宛国，初战不利，汉武帝严令，远征军有入玉门关者，一律斩首。三年后，李广利率军再次远征大宛，因为大宛发生政变，新国王向汉朝称臣，允许汉军自行选马，李广利最终将汗血马带回中原。

汗血马使汉朝骑兵战斗力大增，逐渐摆脱被匈奴侵略的屈辱历史，成为汉朝国富民强的重要保证。司马光《天马歌》赞颂说："大宛汗血古共知，青海龙种骨更奇。"

▎诗词游戏

填写诗词所缺部分。

白	日	放	歌			
				好	还	乡

江城子·密州出猎°

［宋］苏轼

老夫聊发少年狂°，左牵黄，右擎苍，锦帽貂裘°，千骑卷平冈°。为报倾城随太守，亲射虎，看孙郎°。　　酒酣胸胆尚开张。鬓微霜，又何妨！持节云中，何日遣冯唐°？会挽雕弓如满月，西北望，射天狼°。

注释

○ 密州：在今山东诸城。

○ 老夫：词人自称，时年四十。聊：姑且，暂且。狂：狂妄。

○ 锦帽貂裘：头戴华美的帽子，身穿貂鼠皮衣，这是汉代羽林军的服装。

○ 骑：一人一马的合称。

○ 孙郎：三国时期东吴的孙权，《三国志》记载，孙权亲自乘马在凌亭射虎，马为虎伤，孙权投以双戟使虎退却。

○ 持节云中，何日遣冯唐：朝廷何日派冯唐去赦免魏尚之罪？典出《史记·张释之冯唐列传》。汉文帝时，魏尚为云中太守，匈奴一度来犯，魏尚率军出击，所杀甚众，后因报功文书多虚报六人而被削职，后经冯唐代为辩白，文帝就派冯唐持节赦免魏尚的罪，让他仍担任云中太守。

○ 天狼：星名，古时星象家认为天狼星"主侵掠"。此处隐喻侵犯边境的西夏军队。

关于作者

苏轼：作者介绍见其诗《惠崇春江晚景》。

作品赏析

苏轼在密州知州任上出城围猎而作此词，表达了词人抗敌强国的政治主张与渴望报效朝廷的豪情壮志。

词开篇写围猎时的装束和盛况：词人姑且抒发一下少年人的狂傲之气，左手牵着黄狗，右手架着苍鹰，好一派出猎的威武雄姿！随从兵士头戴华美的锦帽，身穿貂鼠皮衣，浩浩荡荡地跟随着太守，就像疾风一样卷过平坦的山冈。为了报答全城军民倾城跟随打猎的盛意，词人以少年英主孙权自比，要像当年孙权那样，亲自射杀猛虎，一显身手，词人之"狂"表现得淋漓尽致。下阕叙述围猎之后的开怀畅饮，并以汉代魏尚自比，希望能够承担卫国守边的重任。

词人酒酣耳热之后，胸怀胆气更为豪放，兴味更加浓厚，感觉自己年事虽高，鬓发虽白，但雄心壮志不减年轻人，仍然希望当今皇帝能像汉文帝一样，派冯唐持节赦免魏尚，给自己委以重任，赴边疆抗敌，词人将挽弓如满月，狠狠抗击西夏和辽国的侵扰。这首词描写出猎之盛，抒发报国安边之志，融叙事、言志、用典为一体，使用各种艺术手法，多角度、多层次地表现了词人志在千里的英豪之气。

▌知识延伸

宋代文学的世俗化与大众化

宋代文学重心下移，成为一个引人注目的现象。在都市的街头巷尾活跃着一群说书的、讲史的、杂耍的艺人，他们成为文学的传播者与创造者，生活在市井里巷的普通民众，成为文学作品的消费者。市民阶层的兴起与市民文化的勃兴，使宋代文化大放异彩，走向世俗化、大众化的道路。从晚唐五代开始，词作成为文人普遍创作的文艺形式。这样，宋代文学体裁从诗文扩大到词、曲与小说，创作主体由以前的士族文人演变为庶族文人、市井文人。

唐代以诗文为主，"诗言志，歌永言"，流行于庙堂与士人之间，是庄严肃穆的贵族文学。而宋词则是文人与大众共享的精神食粮，更流行于文人的私生活与民众市井之间，主要用于娱乐和宴会的演奏。最受欢迎的词作家柳永，迷恋都市繁华，沉醉于听歌买笑的生活，创作大量的词来描写男欢女爱、都市生活、市井风光与羁旅行役，"对潇潇暮雨洒江天，一番洗清秋"抒发漂泊江湖的愁思，"自春来、惨绿愁红，芳心是事可可"反映了世俗女子的生活追求。

▌诗词游戏

填写诗句的下一句。

松	间	沙	路	净	无	泥

浣溪沙

[宋] 苏轼

游蕲水清泉寺°，寺临兰溪，溪水西流。

山下兰芽短浸溪，松间沙路净无泥。萧萧暮雨子规啼°。　　谁道人生无再少？门前流水尚能西！休将白发唱黄鸡°。

注释

○ 蕲（qí）水：今湖北浠（xī）水一带。

○ 子规：杜鹃鸟的别名，相传为蜀王杜宇之魂所化，亦称"杜宇"，鸣声凄厉。

○ 黄鸡：语出白居易"黄鸡催晓丑时鸣"，因黄鸡可以报晓，所以常用来比喻时光流逝。

▌关于作者

苏轼：作者介绍见其诗《惠崇春江晚景》。

▌作品赏析

宋神宗元丰五年（1082），苏轼因"乌台诗案"被贬，出任黄州（今湖北黄冈）团练副使。暮春三月的雨后，诗人游览蕲水县的清泉寺，触景生情而写下这首词。上阕写暮春三月兰溪幽雅的风光，景色自然明丽，淡雅清美：寺旁溪水潺潺，浸泡在溪水中的兰草抽出嫩芽。松林间的沙石小路，经春雨的冲刷后，显得格外干净。傍晚，潇潇细雨中传来杜鹃的啼声。词人胸襟坦荡旷达，虽然政治上屡受挫折，但并不因此而消沉，看到溪水尚且可以西流，就联想到人生为何不能重新拥有青春年少呢？人们惯用"白发""黄鸡"比喻世事匆促，光景催人，而词人从生机勃勃的自然美景中，看到生活的乐趣和生机，焕发出青春的光彩，体现出乐观豁达的性格和老当益壮、自强不息的精神。

▍知识延伸

杜宇化鹃

子规是布谷鸟的别称，又称"杜鹃""杜宇"等。传说杜宇为古蜀国的望帝，他非常关心人民的生活，教导人民种植庄稼，因此深受人民的爱戴。

后来蜀国发生水灾，望帝派丞相鳖灵去治水。鳖灵开凿玉垒山，治服洪水，使人民免于水患之苦。因为鳖灵治水有功，望帝就把帝位禅让给他，然后自己隐居于西山。

也有传说认为杜宇是因为鳖灵发动政变而丧失政权，以致死后化为杜鹃鸟，飞来飞去地悲鸣，直叫得嘴角流出鲜血。而鲜红的血滴落在漫山遍野，化成一朵朵美丽的杜鹃花。在唐代诗人笔下，杜鹃成为含冤悲鸣的代名词，是诗人广泛征引和歌咏的题材，如李商隐有"望帝春心托杜鹃"、白居易有"其间旦暮闻何物，杜鹃啼血猿哀鸣"等名句。

破阵子·为陈同甫赋壮词以寄之° [宋]辛弃疾

醉里挑灯看剑，梦回吹角连营°。八百里分麾下炙°，五十弦翻塞外声°，沙场秋点兵°。 马作的卢飞快°，弓如霹雳弦惊。了却君王天下事°，赢得生前身后名。可怜白发生！

注释

○ 陈同甫（1143—1194）：名亮，字同甫，婺州永康（今属浙江）人，南宋思想家、文学家，曾多次上书宋孝宗，力主抗金北伐，反对朝廷偏安，与辛弃疾志同道合，二人结为挚友。

○ 吹角连营：各军营接连不断响起号角声。角，军中乐器，其声哀厉高亢，闻之使人振奋。

○ 八百里：牛名，这里指酒食。《世说新语》记载晋代王恺有一头珍贵的牛，叫"八百里驳"。分麾（huī）下炙（zhì）：把酒食分赏给部下享用。麾下，部下。炙，烤熟的肉食。

○ 五十弦：原指瑟，此处泛指各种乐器。翻：演奏。

○ 沙场：战场。秋：古代点兵用武，多在秋天。点兵：检阅军队。

○ 马作的（dì）卢飞快：战马像的卢马那样跑得飞快。作，像……一样。的卢，良马名，一种烈性快马。

○ 了却：了结，把事情做完。君王天下事：统一国家大业，收复中原。

关于作者

辛弃疾：作者介绍见其诗《西江月·夜行黄沙道中》。

作品赏析

词人早年参加抗金起义，后来回归南宋做地方官，安定民生，训练军队，

极力主张北伐收复中原，却遭到排斥，后来长期不得任用，闲居近二十年。这首词是词人失意闲居信州（今江西上饶）时所作，追忆了词人早年抗金的沙场生涯，表达了杀敌报国、收复失地的理想与壮志难酬、英雄迟暮的悲愤心情。

　　首句写在夜深人静、万籁俱寂之时，词人思如潮涌，无法入睡，只好独自饮酒，挑亮油灯观看宝剑，在梦中听到军营的号角声响成一片。于是词人一跃而起，全副披挂，成为统率千军万马的将领，他看到兵士们欢欣鼓舞，饱餐将军分给的烤牛肉。军中奏起振奋人心的战斗乐曲，士兵排成整齐的队伍，意气昂扬，等待将军点兵。沙场点兵之后，将军骑着的卢马率领铁骑神速奔赴前线，弓弦雷鸣，万箭齐发，霹雳弦发出巨响，很快结束战斗，凯歌交奏，旌旗招展。将军一战获胜，功成名就，既"了却君王天下事"，又"赢得生前身后名"，何其雄壮！但这不过是词人孜孜以求的梦想而已，回到冷酷的现实，南宋奸臣当道，爱国志士报国无门，词人沉痛地慨叹："可怜白发生！"他收复失地的理想化为泡影，真是"报国欲死无战场"！全词生动地描绘出一位披肝沥胆、勇往直前的将军形象。

▍知识延伸

"词牌"的来历

辛弃疾《破阵子·为陈同甫赋壮词以寄之》，其中"破阵子"是词牌名，"为陈同甫赋壮词以寄之"是词的标题。何谓词牌呢？

词最初伴曲而唱，曲子都有一定的旋律、节奏，这些旋律、节奏的总和就是词调。词与调之间，或按词制调，或依调填词，曲调即为词牌，通常根据词的内容而定。

词牌是填词用的曲调名，通常也决定词的平仄。

词牌总共有一千多种，来源很多：一是外域或边地的某些曲调被采作词调。如《菩萨蛮》是古代缅甸乐调，由云南传入中原。二是教坊乐曲或者从大曲、法曲中摘取优美而又可独立的一段来单谱单唱。如"虞美人"原为唐代教坊曲，最初歌咏项羽的宠姬虞美人，因此而得名。三是摘取一首词中的几个字作词牌。如《西江月》取自李白《苏台览古》"只今唯有西江月，曾照吴王宫里人"。四是文人自度曲。柳永、周邦彦、姜夔等既是词人，又是音乐家，多自制新调，题为"自度曲"。五是源于民间曲调，如《卜算子》《蝶恋花》《竹枝词》等。六是乐工歌妓所创。演唱乐曲是乐工歌妓的职业，她们中也有人能创制词调，如《雨霖铃》《还京乐》《春莺啭》等都是她们所创。

石灰吟°

[明] 于谦

千锤万凿出深山°，

烈火焚烧若等闲°。

粉骨碎身浑不怕，

要留清白在人间°。

注释

○ 吟：吟颂，古代诗歌体裁的一种。

○ 千锤万凿：无数次的锤击开凿，形容开山凿石的艰难。千、万，指击凿次数多，不是实指。

○ 若等闲：好像很平常的事情。若，好像、好似。等闲，平常，轻松。

○ 清白：指石灰石洁白的本色，又比喻高尚的节操。

关于作者

于谦（1398—1457）：字廷益，号节庵，浙江钱塘（治今杭州）人，明朝永乐年间进士。正统十四年（1449）发生土木堡之变，明英宗被瓦剌（là）俘获，于谦任兵部尚书，坚决要求固守北京，力排南迁之议，并亲自督战大破瓦剌军，加少保，总督军务。于谦忧国忘身，口不言功，自奉俭约，所居之处仅蔽风雨，但性情刚直，常遭人妒忌。

作品赏析

于谦从小志向远大，12岁便吟出脍炙人口的《石灰吟》，诗人以石灰石作比喻，表达了自己为国尽忠、不怕牺牲、坚守高洁情操的志向。首句描写开采石灰石很艰难，要经过多次击凿才能从山上开采出来。次句写烧炼石灰石，"若等闲"三字使人感到不仅在写石灰石，还象征着仁人志士无论面临着怎样严峻的

考验都等闲视之。第三句写出将石灰石烧成石灰粉都"浑不怕"，使人联想到不怕牺牲的精神。末句诗人直抒情怀，立志要做纯洁清白的人。于谦为官廉洁正直，抵抗外族入侵，深受百姓爱戴，这首《石灰吟》即是诗人生平与人格的真实写照。

知识延伸

励志诗词名句

1. 天行健，君子以自强不息。——《周易》

2. 三军可夺帅也，匹夫不可夺志也。——《论语·子罕》

3. 路漫漫其修远兮，吾将上下而求索。——屈原《离骚》

4. 富贵不能淫，贫贱不能移，威武不能屈。——《孟子》

5. 锲而舍之，朽木不折；锲而不舍，金石可镂。——《荀子·劝学》

6. 老骥伏枥，志在千里。烈士暮年，壮心不已。——曹操《龟虽寿》

7.鞠躬尽瘁，死而后已。——诸葛亮《后出师表》

8.长风破浪会有时，直挂云帆济沧海。——李白《行路难》（其一）

9.不畏浮云遮望眼，自缘身在最高层。——王安石《登飞来峰》

10.人生自古谁无死？留取丹心照汗青。——文天祥《过零丁洋》

诗词游戏

填写诗句的上下句。

梦	回	吹	角	连	营

了	却	君	王	天	下	事

竹 石　　　　　［清］郑燮

咬定青山不放松，

立根原在破岩中。

千磨万击还坚劲，

任尔东西南北风°。

注释　○ 尔：你。

关于作者

郑燮（1693—1765）：字克柔，号板桥，江苏兴化人，清代书画家、文学家，为"扬州八怪"之一。其诗、书、画均旷世独立，世称"三绝"，擅画兰、竹、石、松、菊等，其中画竹成就最为突出。郑燮一生主要客居扬州，以卖画为生，著有《板桥全集》。

作品赏析

此诗借物喻人、托物言志，着力描写竹子顽强而又执着的品质。竹子在破碎的岩石中扎根，可谓生在恶劣环境下，长在困苦危难中，但它有自由自在、坚定乐观的性格。诗人开头把竹子拟人化，一个"咬"字传达出竹子顽强的生命力与坚定的信念。尽管狂风来自东西南北，令竹子饱受磨难，但它积极乐观，慷慨潇洒，越受磨难越坚劲，从不畏惧风吹雨打。此诗表面上写竹，实际上写人，写诗人坦率正直、刚正不阿、坚强不屈的性格，以及决不向任何邪恶势力低头的高风傲骨。

▌知识延伸

一代文豪郑板桥的画竹题诗

郑板桥画竹与一般文人的花鸟画不同。传统文人所画的梅、兰、竹、菊，追求自然形象的真与美、绘画技能的高与低、笔墨运用的娴熟与雅俗，到了郑板桥笔下，除了技能技巧外，还赋予竹子画深邃的思想意境，令人回味无穷。郑板桥每幅画必题以诗，诗画映照，达到"诗是无形画，画是有形诗"的境界，他的题画诗有着深刻的思想内容，并以如枪似剑的文字针砭时弊。

郑板桥先后任山东范县、潍县知县12年，对连年灾荒的百姓采取"开仓赈贷""捐廉代输"的措施，由于引起贪官污吏的不满而被贬官。离开潍县时他三头毛驴一车书，两袖清风而去，临行前画竹题诗云："乌纱掷去不为官，囊橐（tuó）萧萧两袖寒。写取一枝清瘦竹，秋风江上作渔竿。"借竹抒发了淡泊名利、享受人生的平静心态。

郑板桥的竹子画大多托物言志，抒发了"衙斋卧听萧萧竹，疑是民间疾苦声"的情怀，表现出"千磨万击还坚劲，任尔东西南北风"的坚劲，刻画出"宦海归来两鬓星，春风高卧竹西亭"的气节。"三绝诗书画，一官归去来"，可谓是对郑板桥一生最确切的赞颂。作为聪明绝顶、通今博古的一代文豪，却偏偏以"难得糊涂"为座右铭，认为"聪明难，糊涂难，由聪明而入糊涂更难"。

▌诗词游戏

填写诗句的上一句。

要	留	清	白	在	人	间

七律·长征

毛泽东

红军不怕远征难，万水千山只等闲°。

五岭逶迤腾细浪°，乌蒙磅礴走泥丸°。

金沙水拍云崖暖°，大渡桥横铁索寒°。

更喜岷山千里雪°，三军过后尽开颜。

注释

○ 等闲：不怕困难，不可阻止。

○ 五岭：指大庾岭、骑田岭、都庞岭、萌渚岭、越城岭，横亘于湘赣粤桂四省之间。

　　逶迤：道路、山脉、河流等弯弯曲曲、连绵不断的样子。

○ 乌蒙：山名，乌蒙山在贵州西部与云南东北部交界处，北临金沙江，山势陡峭。

○ 金沙：即金沙江。

○ 大渡桥：指四川西部泸定大渡河上的泸定桥。

○ 岷山：中国西部大山，位于甘肃西南、四川北部。

┃ 关于作者

毛泽东：作者介绍见其诗《卜算子·咏梅》。

┃ 作品赏析

　　1934年10月10日，中央红军主力从中央革命根据地出发，进行大规模战略转移，经过粤、湘、桂、云、贵、川、康、甘、陕等省区，一路击溃敌军的围追堵截，战胜无数艰险，行军二万五千里，历时一整年，终于在1935年10月19日到达陕北革命根据地的吴起镇，取得长征的决定性胜利。毛泽东这首诗作于长征取得胜利之时，高度赞扬红军历经千难万险、长途跋涉的壮举，抒发无产阶级革命领袖的英雄气概和乐观主义豪情。全诗采用总分式的结构，起承转合

非常自然，中间两联灵活多变，对仗工整，音调雄健有力。"不怕"是全诗的诗眼，豪气干云、豪迈潇洒是这首诗的风格特征。

知识延伸

毛泽东诗词名句

1. 坐地日行八万里，巡天遥看一千河。——《送瘟神》
2. 江山如此多娇，引无数英雄竞折腰。——《沁园春·雪》
3. 埋骨何须桑梓地，人生无处不青山。

　　　　　　　　　　　　——《七绝·改西乡隆盛诗赠父亲》

4. 踏遍青山人未老，风景这边独好。——《清平乐·会昌》
5. 不到长城非好汉，屈指行程二万。——《清平乐·六盘山》
6. 天若有情天亦老，人间正道是沧桑。

　　　　　　　　　　　　——《七律·人民解放军占领南京》

7. 为有牺牲多壮志，敢教日月换新天。——《七律·到韶山》
8. 中华儿女多奇志，不爱红装爱武装。——《七绝·为女民兵题照》

诗词游戏

填写诗词所缺部分。

何	当			
快	走		清	秋

咏史怀古诗一般以历史事件、历史人物或历史遗迹为题材，对历史人物的功过、历史事件的成败发表议论或抒发感慨，或借古以讽今，或发思古之幽情，或寄寓怀才不遇的感伤，或表达昔盛今衰的兴替之感。

　　比如，杜牧《泊秦淮》《赤壁》堪称传世名作，怀古伤今，感叹历代兴亡与唐朝的没落；李清照《夏日绝句》借歌咏项羽的英雄气概，对南宋朝廷进行了无情的讽刺；辛弃疾《南乡子·登京口北固亭有怀》通过对三国英雄孙权的歌颂，讽刺南宋统治者对金兵侵略不敢抵抗的昏庸无能，表达出强烈的爱国主义感情。

商女不知亡国恨

咏史怀古篇

登幽州台歌°

[唐] 陈子昂

前不见古人，后不见来者。

念天地之悠悠，独怆然而涕下°！

注释

○ 幽州台：即蓟北楼，故址在今北京大兴，战国时燕昭王为招纳天下贤士而建。

○ 怆（chuàng）然：凄伤的样子。涕下：流下眼泪。

▌关于作者

　　陈子昂（659—700）：字伯玉，梓（zǐ）州射洪（今属四川）人，唐代文学家，是唐代诗歌革新的先驱。其为武则天所赞赏，拜麟台正字，转右拾遗，为县令段简所诬，冤死狱中。陈子昂的诗风骨峥嵘，寓意深远，苍劲有力。他在唐诗革新道路上取得很大成绩，著有《陈伯玉集》。

▍作品赏析

诗人登上幽州台远眺，看到北方的远山旷野，天地茫茫不见人烟，一片萧索寂寥。山河的苍茫往往给人一种永恒和无限的感受，于是诗人联想到人生是短暂的、有限的。诗人往前看不到古人，往后瞧不见后来者，想到天地宇宙辽阔无垠，而自己孑然一身、无限孤独，禁不住流下伤感的眼泪。再者，幽州是燕国的故都，诗人自然会联想到燕昭王的求贤若渴，乐毅的建功立业，而自己却空有才干，报国无门！此诗短短22个字，却道出了许多人生感悟和哲理，可谓千古绝唱！

▍知识延伸

幽州台

周武王伐纣建立西周以后，封召公于幽州，大致范围包括今天的河北北部以及辽宁一带。战国时期幽州属于燕国的地界，幽州台就是燕昭王所建的黄金台。

当时燕国内乱而被齐国乘机攻入，燕国大败。燕太子平被立为王，即燕昭王。他从不曾忘记向齐国报仇雪恨，于是建台将黄金置于台上，用以招纳贤才，因而得名黄金台。燕昭王礼遇乐毅，任命他为上将军，于是乐毅指挥军队去攻打齐国，连破齐国七十余城，名垂千古。

▍诗词游戏

填写诗句的下一句。

伤	心	秦	汉	经	行	处	

泊秦淮　　　　　　〔唐〕杜牧

烟笼寒水月笼沙，

夜泊秦淮近酒家°。

商女不知亡国恨，

隔江犹唱后庭花°。

注释

○ 秦淮：即秦淮河，发源于江苏大茅山与庐山两山之间，经南京流入长江。
相传秦始皇南巡会（kuài）稽（jī）时开凿，用来疏通淮水，故称秦淮河，
历代均为繁华的游览之地。

○ 后庭花：南朝陈的皇帝陈叔宝（即陈后主）沉湎（miǎn）于声色，作《玉树
后庭花》乐曲，与后宫美女寻欢作乐，终致亡国，后世把此曲作为亡国之
音的代称。

▍关于作者

杜牧：作者介绍见其诗《山行》。

▍作品赏析

建康（今南京）是六朝都城，秦淮河两岸酒家林立，是豪门贵族、官僚士大夫享乐游宴的场所，唐代时秦淮河两岸的繁华一如既往。诗人夜泊此河，而眼见岸边酒家的灯红酒绿，耳闻商女的歌声，因此感慨万千，写下这首《泊秦淮》。

此诗开篇描绘了一幅极其淡雅、柔和幽静的水边夜色，烟、水、月、沙和谐地融合在一起。接着点出时间、地点，由于"夜泊秦淮"才靠近酒家，而卖唱的歌女不懂什么叫亡国之恨，隔着江水还在高唱《玉树后庭花》。其实真正"不知亡国恨"的是那些沉湎于声色的贵族、官僚、豪绅，当时唐朝国势日衰，而达官贵人还叫歌女们演唱陈后主创制的《玉树后庭花》那种靡靡之音。此诗反映了当时达官贵人声色歌舞、纸醉金迷的生活，表达了诗人对国事怀抱隐忧的心境。

▍知识延伸

亡国之音的《玉树后庭花》

南北朝时期，陈国国君陈后主沉迷于声色，不理国事，他的贵妃张丽华本是歌妓出身，光艳照人，陈后主对她一见钟情。

至德二年（584）年，陈后主建造临春阁、结绮阁和望仙阁，这三座楼阁用架空的平道相通，可以直接往来。陈后主招来宾客与嫔妃在楼中饮酒游乐，让文人、嫔妃和有才学的宫女一起作诗，从中选出特别艳丽的诗作，配上新的曲调，再挑选一千多名漂亮的宫女，命她们分队轮流演唱。陈后主编的《玉树后庭花》称颂张贵妃和孔贵嫔的姿色美丽。

当时隋文帝杨坚正积蓄兵力，夺取天下，而陈后主还整天过着花天酒地的生活。后来《玉树后庭花》成为亡国的靡靡之音的代称。

赤　壁°　　　　　　［唐］杜牧

折戟沉沙铁未销，

自将磨洗认前朝°。

东风不与周郎便，

铜雀春深锁二乔°。

注
释

○ 赤壁：在今湖北赤壁市西北长江南岸。

○ 将：拿起来。

○ 铜雀：指曹操晚年在今河北临漳西建立的铜雀台，是曹操暮年欣赏舞曲、
休闲娱乐的地方。二乔：指三国时期东吴的两位美女，大乔嫁给了孙策，
小乔嫁给了周瑜。

关于作者

杜牧：作者介绍见其诗《山行》。

作品赏析

这是一首咏史诗，颇具哲理。在流水下的砂石中有一把折断的铁戟，诗人拿起来磨洗干净后，辨认出那是前朝在这个地方发生战争时遗留下来的。假如当年吴军火攻曹军舰船时，没有吹起东风，恐怕二乔早就锁在了曹操的铜雀台中。

诗的前两句写诗人在古战场发现了一把折断的兵器；后两句借战场遗物思考历史，将赤壁之战的胜利归结于偶然刮起的东风。

知识延伸

杜牧诗词名句

1. 借问酒家何处有？牧童遥指杏花村。——《清明》

2. 天阶夜色凉如水，卧看牵牛织女星。——《秋夕》

3. 二十四桥明月夜，玉人何处教吹箫？——《寄扬州韩绰判官》

4. 娉娉袅袅十三馀，豆蔻梢头二月初。——《赠别》（其一）

5. 一骑红尘妃子笑，无人知是荔枝来。——《过华清宫》

6. 黔首不愚尔益愚，千里函关囚独夫。——《过骊山作》

7. 胜败兵家事不期，包羞忍耻是男儿。——《题乌江亭》

8. 蜡烛有心还惜别，替人垂泪到天明。——《赠别》（其二）

9. 人生直作百岁翁，亦是万古一瞬中。——《池州送孟迟先辈》

10. 六朝文物草连空，天淡云闲今古同。——《题宣州开元寺水阁》

夏日绝句　　[宋]李清照

生当作人杰，

死亦为鬼雄。

至今思项羽，

不肯过江东。

▍关于作者

　　李清照：作者介绍见其词《渔家傲》。

▍作品赏析

　　项羽是顶天立地的英雄，也是一位悲剧式的英雄，令历代文人墨客吟咏不绝。李清照的诗，立意却不同凡响，她鲜明地提出人生的价值取向：人活着就要做人中的豪杰，建功立业；死也要为国捐躯，成为鬼中的英雄。诗人想起项羽，他兵败后突围到乌江，乌江亭长劝他回到江东，重整旗鼓。而项羽觉得无颜去见江东父老，便回身苦战，杀死敌兵数百，然后自刎，这是何等的英雄气概！

　　李清照本是一个弱不禁风、坎坷漂泊的女子，此一绝句异笔突运，亡国的悲愤、爱国的情怀、命运的不屈跃然纸上。相比之下，南宋统治者不敢抵抗女真人的进攻，只顾自己逃命，抛弃中原大好河山，但求苟且偷生。诗人以慷慨雄健、掷地有声的诗篇，对他们进行了无情的讽刺。

▎知识延伸

歌咏项羽的诗词

　　"西楚霸王"项羽的一生颇富传奇色彩。他是楚国名将项燕之孙，身形健硕，力能扛鼎，才气过人。从起兵反秦、破釜沉舟、垓下之围、乌江自刎等故事，可知项羽虽是一个悲剧英雄，却也可歌可泣，无怪司马迁写《史记》也要把项羽纳入帝王本纪中，以此表达对他的敬重之意。

　　后世谈及项羽，无论写历史兴衰还是胜败得失，对他也多是赞颂或慨叹。如："龙疲虎困割川原，亿万苍生性命存。谁劝君王回马首，真成一掷赌乾坤。"（韩愈《过鸿沟》）"帐下佳人拭泪痕，门前壮士气如云。仓黄不负君王意，独有虞姬与郑君。"（苏轼《濠州七绝·虞姬墓》）

▎诗词游戏

　　填写诗句的下一句。

东	风	不	与	周	郎	便

南乡子·登京口北固亭有怀°   ［宋］辛弃疾

何处望神州°？满眼风光北固楼。千古兴亡多少事？悠悠。不尽长江滚滚流。　　年少万兜鍪°，坐断东南战未休°。天下英雄谁敌手？曹刘。生子当如孙仲谋°。

注释

○ 南乡子：词牌名。京口：今江苏镇江。北固亭：位于镇江东北长江边的北固山上。

○ 神州：中原地区。

○ 兜鍪（móu）：战士的头盔，此处借指士兵。

○ 坐断：占据。

○ 孙仲谋：指孙权，字仲谋。

▍关于作者

辛弃疾：作者介绍见其词《西江月·夜行黄沙道中》。

▍作品赏析

这是一首咏史怀古词。词人通过对古代英雄的歌颂，讽刺南宋统治者对金兵的侵略不敢抵抗、昏庸无能的表现，表达了强烈的爱国主义感情。

词人站在北固亭上，极目远眺，映入眼帘的是北固楼周围的一片大好风光，千百年来，这块土地上经历了多少王朝的兴亡呢？往事悠悠，大浪淘尽多少英雄，唯有浩瀚的长江滚滚东流！三国时期吴国的孙权，年纪轻轻就统率千军万马，雄踞江东，何等英雄气概！词人以夸张之笔，极力渲染孙权不可一世的英姿飒爽。接着词人发问，天下英雄谁是孙权的敌手呢？词人自答说，天下英雄只有曹操、刘备才可与孙权争胜。当年曹操与孙权相持在濡（rú）须，曹操见吴军阵容整肃，孙权英武异常，曾说："生子当如孙仲谋，刘景升儿子若豚犬耳。"曹操与孙权是英雄惜英雄，而投降曹操的刘景升（刘表）之子，却被视为猪狗，多么具有讽刺意味。当时南宋面临金兵的侵略，中原的大好河山已经沦陷，而统治者一味妥协投降，时代多么需要孙权这样的英雄来力挽狂澜呀！这首词通篇三问三答，互相呼应，感叹雄壮，意境高远。

山坡羊·潼关怀古°

［元］张养浩

> 峰峦如聚，波涛如怒，山河表里潼关路°。望西都°，意踌躇。伤心秦汉经行处°，宫阙万间都做了土。兴，百姓苦；亡，百姓苦。

注释

○ 山坡羊：曲牌名，为散曲的格式，"潼关怀古"是标题。

○ 山河表里：潼关外有黄河，内有华山，形容潼关一带地势险要。表：外部，外面。潼（tóng）关：古关口名，现属陕西潼关县，关城建在华山山腰，下临黄河，非常险要。

○ 西都：指长安（今陕西西安），古称长安为西都，洛阳为东都，这是泛指秦汉以来在长安附近所建的都城。

○ 秦汉经行处：秦朝都城咸阳和西汉都城长安都在陕西境内潼关以西，指秦汉故都遗址。经行处，经过的地方。

▎关于作者

张养浩（1270—1329）：字希孟，号云庄，济南（今属山东）人，元代文学家，少年知名。在任监察御史时，因批评时政而为权贵所忌，被免官。后复官至礼部尚书，参议中书省事，至治二年（1322）辞官家居。天历二年（1329）关中大旱，张养浩特拜陕西行台中丞，办理赈灾，见饥民困苦万分，难以周济，竟为此放声痛哭，于是散尽所有家财，登车赴任，不久积劳成疾病卒于住所，谥号文忠。

▎作品赏析

此曲是张养浩在赴陕西办理赈灾途经潼关所作。开篇描写潼关地势的雄伟险要：潼关在重重叠叠的华山山峦包围之中，山本来是静止的，一个"聚"字

化静为动，表现了峰峦的众多和动感。潼关外黄河之水奔腾澎湃，一个"怒"字让读者耳边回响起千古不绝的滔滔水声；"怒"字还把黄河人格化，注入了作者吊古伤今而产生的满腔悲愤之情。

潼关因地势险要而为历代兵家必争之地，作者遥望古都长安，凭吊古迹思绪万千：长安作为秦汉古都，当年是何等的繁华昌盛，而如今早已灰飞烟灭，万间宫殿化作尘土，只剩下一片残垣断壁，怎能不令人徘徊伤心呢？作者指出，历代王朝的或兴或亡，给百姓带来的都是苦难，这也是作者最为沉痛的感慨，一句"兴，百姓苦；亡，百姓苦"写尽悲凉。

▎知识延伸

元 曲

元曲是继唐诗、宋词之后兴起的一种文学体裁，在元代达到鼎盛。一般而言，元曲由杂剧和散曲组成，杂剧是戏曲，散曲是诗歌，属于不同的文学体裁，但都采用北曲为演唱形式。

元曲有它独特的艺术魅力：一方面继承了诗词的婉转清丽；一方面在指斥政治专权、社会黑暗方面放出极为夺目的战斗光彩，直斥"不读书最高，不识字最好，不晓事倒有人夸俏"的社会，直指"人皆嫌命窘，谁不见钱亲"的世风，而描写爱情的作品也比历代诗词更为大胆泼辣，使元曲永葆艺术魅力。

▎诗词游戏

填写诗句所缺的部分。

何	处	望	神	州		
坐	断	东	南	战	未	休